Zamyat M. Klein

Leichter lernen – mit Spaß

Zamyat M. Klein

Leichter lernen – mit Spaß

Bewährte Techniken – erprobte Tipps

Die Zeichnungen im Buch stammen von
Christiane Bertram

Genehmigte Lizenzausgabe für
Nikol Verlagsgesellschaft mbH & Co. KG,
Hamburg, 2012

© Verlag Herder GmbH, Freiburg im Breisgau 2001

Alle Rechte, auch das der fotomechanischen Wiedergabe
(einschließlich Fotokopie) oder der Speicherung auf
elektronischen Systemen, vorbehalten.
All rights reserved.

Titelabbildung: istockphoto.com
Satz: Barbara Herrmann, Freiburg
Umschlag: Thomas Jarzina, Holzkirchen
Printed in the Czech Republic
ISBN: 978-3-86820-137-6

www.nikol-verlag.de

Inhalt

Symbole 8
Einleitung 9
Ihr Lerntagebuch 13
Warum Stress das Lernen verhindert 17
Lernen Sie die beiden Seiten Ihres Gehirns kennen 22
Der Beginn einer fruchtbaren Zusammenarbeit .. 22
Lerntechniken 36
Wie Sie leichter, schneller und mit mehr Spaß trockene Fakten auswendig lernen können 36

- Innere Bilder und Bilderketten 36
- Bilderlisten 62
- Loci-Methode 79
- Klang-Assoziation und Eselsbrücken 85
  - Beispiele für Fachbegriffe und Fremdwörter aus unterschiedlichen (Berufs-) Bereichen ... 88
  - Namen 92
  - Vokabeln lernen 100
  - Eselsbrücken 103
  - Noch einige Tipps zum Sprachen lernen ... 106

Die mind-map®-Methode 112
Texte durcharbeiten, verstehen und behalten ... 139
Anhang: Arbeitsblätter 152
Literatur 157
Stichwortverzeichnis 159

Für meine Eltern

Symbole

 Methoden – Beispiele

 Überprüfen, kontrollieren

 Lerntagebuch

 Fallbeispiel

 Übung

 Erkenntnis / Gedankenblitz

 lesen

 Überlegen Sie einen Moment ...

 Probieren Sie aus ...; experimentieren Sie

 Schreiben Sie

 Geschichte

Einleitung

Liebe Leserin, lieber Leser, Sie möchten etwas Neues lernen, sich beruflich weiterbilden oder auf eine Prüfung vorbereiten. Vielleicht möchten Sie auch eine Sprache für Ihr Urlaubsland lernen. Ganz gleich was und wofür Sie lernen wollen, Sie werden in diesem Buch eine Fülle von Anregungen finden, die Ihnen das Lernen erleichtern.

Wenn Sie das Buch durcharbeiten, werden Sie auch die Erfahrung machen, dass Lernen sogar Spaß machen kann. Lernen muss nämlich nicht mit Anstrengung und Mühe verbunden sein, wie Sie es vielleicht in ihrer Schulzeit erlebt haben, sondern es kann eine sehr kreative und sogar spielerische Beschäftigung sein.

In der Schule haben die wenigsten von uns gelernt, wie man richtig lernt. Wir haben nicht das richtige Werkzeug für unsere Gehirntätigkeit mitbekommen und jeder hat auf seine Weise herumexperimentiert. Die Ergebnisse waren nicht immer optimal.

Es soll Menschen geben, die während ihrer ganzen Schulzeit gerne zur Schule gingen und denen lernen leicht fiel wie essen und schlafen und die dabei auch noch ein ungeheures Vergnügen erlebten. Die sich nie mit Ängsten und Sorgen vor der nächsten Klassenarbeit herumschlagen mussten, nicht mit schlechten Noten nach Hause kamen oder vor der Klasse bloßgestellt wurden.

Das sind für mich Wesen von einem anderen Stern und auf diesem Planten wohl höchst selten zu finden. Während meiner Schulzeit bin ich nie wissentlich einer solchen Spezies begegnet.

Falls Sie also nicht zu den oben Beschriebenen gehören, seien Sie getröstet: das ist normal! Die wenigsten Menschen haben eine solche Schulkarriere hinter sich, sondern haben sich mehr oder weniger mühselig durch die Schulzeit geschlagen oder zumindest über weite Strecken gelangweilt.

Andererseits könnte es aber ganz normal sein und nicht wie ein Science-fiction klingen. Denn uns allen ist eine natürliche Neigung zum Lernen angeboren, es gehört sozusagen zur Natur des Menschen, wissbegierig und neugierig zu sein und gerne zu lernen. Wir haben es nur „vergessen", weil es durch negative Erfahrungen mit dem Lernen überdeckt wurde.

Wie auch immer Ihre persönlichen Lernerfahrungen in der Schulzeit waren: heute können Sie ganz anders lernen. Denn diese natürliche Fähigkeit zu lernen und auch das ursprüngliche Interesse an Neuem, steckt nach wie vor in Ihnen. Und Sie haben heute mehr Möglichkeiten, diese zu entdecken, als vielleicht in Ihrer Kindheit. Heute nehmen Sie es als erwachsener Mensch selber in die Hand.

Denn glücklicherweise gehen diese Fähigkeiten nicht verloren, ganz gleich, welche Erfahrungen Sie gemacht haben. Sie sind vielleicht verdrängt oder verschüttet, aber mit den richtigen Werkzeugen können Sie sie wieder ausgraben.

Diese Werkzeuge werden Sie in diesem Buch an die Hand bekommen, die Ihre Lernprozesse unterstützen und fördern.

Sie werden nicht nur verschiedene Lerntechniken und Methoden kennenlernen, mit denen Sie auswendig lernen, strukturieren, planen und Texte durcharbeiten können, sondern Sie werden auch ganz neue Erfahrungen mit sich selbst als Lerner oder Lernerin machen. Es ist wie bei einer Reise in fremde Länder. Nicht nur die Umgebung, das Klima und die Menschen sind neu, man selber verändert sich auch.

Bei welcher Kategorie Sie sich auch einordnen, Lerngeschädigter, Lernmuffel oder Lernbegeisterter, begeben Sie sich auf Entdeckungsreise in ein ganz neues Land, das Land des Lernens und der Kreativität.

Denken Sie an eins Ihrer Hobbys, wie mühelos und leicht Sie sich das dazu gehörige Wissen und Können angeeignet haben. So kann es Ihnen mit Ihrem jetzigen Lernvorhaben auch gehen – so unwahrscheinlich das für Sie jetzt vielleicht noch klingen mag.

Lernen kann zu Ihrem liebsten Hobby werden, wenn Sie all das über Bord werfen, was Sie bisher mit dem Begriff Lernen verbunden haben. Zwang, Anstrengung, Druck, Mühsal, Langeweile ... Lernen kann leicht sein, Spaß machen, spielerisch und kreativ sein. Wenn Sie erfahren wollen, wie das möglich ist, dann arbeiten Sie dieses Buch durch.

Lassen Sie sich überraschen, machen Sie neue Erfahrungen mit sich selber und mit dem Lernen. Ich wünsche Ihnen viel Spaß dabei – und natürlich Erfolg!

Ihre Zamyat M. Klein

Einige konkrete Hinweise

Dieses Buch ist ein Arbeitsbuch und Sie haben nur dann einen wirklichen Nutzen davon, wenn Sie es nicht einfach durchlesen wie einen Roman (obwohl ich hoffe, dass es für Sie genauso unterhaltsam zu lesen ist), sondern wenn Sie die Übungen durchführen, die ich Ihnen vorschlage.

Dazu brauchen Sie auch Material:
Papier (DIN A4), Schreibstifte oder Füller, Trocken-Textmarker (z. B. Fluorliner 99 von LYRA), ein Lerntagebuch (siehe nächstes Kapitel).

Ihr Lerntagebuch

Um Ihren Lernerfolg und Ihre Fortschritte zu dokumentieren und die für Sie wichtigen Ergebnisse festzuhalten, sollten Sie sich von Anfang an ein Lerntagebuch zulegen.

Kaufen Sie sich ein besonders schönes Heft, das Sie anspricht und in dem Sie Ihre Schätze aufbewahren möchten. Ich empfehle Ihnen ein DIN A4 Heft, weil das für einige Übungen die beste Größe ist.

Wählen Sie eine Farbe, die Sie mögen oder ein Motiv, das Sie gerne in die Hand nehmen und eine positive Ausstrahlung auf Sie hat. Das ist schon ein erstes Signal an Ihr Unbewusstes, dass es sich um einen freudvollen, lustvollen Akt handelt, wenn Sie damit arbeiten.

In diesem Heft können Sie alles notieren: die Übungen, die Sie bei der Durcharbeitung des Buches machen, Ihre Gedanken und Ideen, die Ihnen beim Lesen kommen sowie Ihre Stimmungen und Gefühle.

Denn es kann für Sie interessant sein, anhand Ihrer Aufzeichnungen festzustellen, wie sich Ihre anfänglich vielleicht negativen Gefühle oder eine gewisse Skepsis gegenüber Lernen mit der Zeit verändern. Wie Sie vielleicht immer mehr Freude beim Tun erleben und Sie mit sich als Lerner/in ganz neue Erfahrungen machen. Wenn Sie es nicht aufschreiben, können Sie solche Veränderungen leicht aus den Augen verlieren.

Uns fallen nämlich oft eher die Dinge auf, die nicht so gut klappen und wir erinnern uns leichter an Misserfolge, als dass wir Fortschritte wahrnehmen, vor allem, wenn sie in kleinen Schritten geschehen.

Dabei ist es ganz wichtig für den weiteren Erfolg, sich gerade auch die positiven Veränderungen deutlich zu machen, ganz bewusst zu erleben, wie sich Einstellungen und Herangehensweisen verändern. Das geschieht nicht immer mit einem großen Knall, sondern fast unbemerkt – wenn wir es nicht notieren.

Beginnen Sie am besten *vor* der Lektüre des Buches damit: schreiben Sie auf, mit welcher Haltung Sie an die Lektüre herangehen, was Sie sich davon versprechen oder erhoffen und mit welcher Stimmung Sie ans Lernen denken.

Ich weiß ja nicht, was Sie lernen wollen und warum, ob Sie eine Sprache lernen, eine berufliche Fortbildung machen oder sich auf eine Prüfung vorbereiten wollen. Wenn Sie eine Sprache für Ihr Lieblingsurlaubsland lernen wollen, sind Sie sicher anders motiviert und gehen vielleicht lockerer heran als wenn Sie eine Prüfung machen **müssen,** von deren Erfolg viel für Sie abhängt, vor der Sie vielleicht Angst haben, weil Sie das Thema nicht interessiert oder es Ihnen sehr schwierig zu sein scheint.

 Hier einige Fragen als Anregung, mit deren Beantwortung Sie Ihr Lerntagebuch beginnen können:
- Warum habe ich dieses Buch gekauft?
- Warum will ich lernen, wie man leichter lernt?
- Was will ich lernen?

Habe ich ein konkretes Ziel (eine Sprache, eine Prüfung etc.) oder will ich ganz allgemein das Lernen lernen?
- Mit welchem Gefühl gehe ich an die Lektüre dieses Buches heran?
- Welche Erwartungen habe ich an die Durcharbeitung des Buches?
- Welche Erwartungen habe ich an mich?

Habe ich konkrete Vorstellungen, in welchem Umfang ich mich mit diesem Thema beschäftigen möchte? (Jeden Tag eine Stunde oder einmal in der Woche oder ...?)
- Wie sind meine momentanen Gefühle gegenüber dem Thema „Lernen"?

Freue ich mich darauf; habe ich Angst davor; fange ich zähneknirschend damit an, weil es sein muss; bin ich neugierig, aber skeptisch?

Schreiben Sie Ihre Gedanken und Gefühle zu Ihrem Lerninhalt auf, ein paar Stichworte zu ihrer Motivation.

Manche Fragen finden Sie vielleicht überflüssig oder Sie sind ungeduldig und sagen: „Ich will lieber gleich mit dem Lernen anfangen."

Nehmen Sie sich dennoch einige Minuten Zeit, um zumindest für sich selber diese Fragen innerlich zu beantworten, falls Ihnen das Schreiben zu lästig ist. Aber sie sind wichtig, damit Sie Ihre Energie zielgerichtet einsetzen können.

Sie können einen Weg nur erfolgreich meistern, wenn Sie wissen, wohin Sie überhaupt wollen, was Ihr Ziel ist und wo sich mögliche Hindernisse befinden. Diese sollten Sie dann vorher beseitigen, damit Sie Ihr Ziel erreichen können.

Ich werde Sie im Text auch öfter darauf hinweisen, das Lerntagebuch hinzuzunehmen, aber handhaben Sie es ganz nach Ihren Bedürfnissen und schreiben Sie ruhig auch ohne Aufforderung hinein, wann immer Ihnen Gedanken oder auch Fragen zum Inhalt des Buches kommen. So ist es eher wie eine Kommunikation mit mir oder jemand anderem, den Sie sich vorstellen können, mit dem Sie sich austauschen möchten oder dem Sie Fragen stellen möchten.

Seien Sie auch in der Form ganz frei: Sie können Stichworte schreiben, Zeichnungen kritzeln oder Bilder malen, Notizen in Sprechblasen schreiben oder ganze Aufsätze. Vielleicht haben Sie einmal einen besonderen Traum, der irgendetwas mit dem Thema zu tun zu haben scheint: notieren Sie auch diesen in Ihr Lerntagebuch.

Zusammenfassung

Schreiben Sie in Ihr Lerntagebuch alles auf, was Ihnen wichtig ist: was Sie lernen wollen und was Sie gelernt haben, welche Fragen oder Probleme sich Ihnen stellen, welche positiven und neuen Erfahrungen Sie mit sich als Lerner/in machen.

Schreiben Sie alles auf, was Ihnen an Gedanken und Ideen kommt, ob es direkt mit der Lerntechnik, die Sie gerade lernen, zu tun hat oder nicht.

Wenn Sie Übungen ausführen, die im Buch angeleitet werden, schreiben Sie sie am besten auch in Ihr Lerntagebuch. Dann können Sie sofort dahinter schreiben, wie Sie damit klargekommen sind und Sie haben alle Unterlagen, Übungen und Ideen zusammen.

Warum Stress das Lernen verhindert

Dieser kurze Beitrag zum Thema Stress erklärt Ihnen, warum Sie nicht so gut lernen können, wenn Sie sehr aufgeregt sind oder wieso einem gerade in der Prüfung das Gelernte nicht einfällt, wo es doch so wichtig ist. Da dies hier keine lerntheoretische Abhandlung sein soll, sondern ein praktisches Arbeitsbuch, werde ich Ihnen das Stressmodell in kurzer und vereinfachter Form darstellen.

Wenn Ihnen einleuchtet, warum Lernen unter Stress **nicht funktionieren kann**, werden Sie sich eher erlauben, eine Entspannungsphase einzubauen.

Die Formen von Stress, die wir in unserer modernen Zivilisation erleben, sind sicher neu. Stress an sich ist aber ein uraltes Phänomen, das bis in die Urzeit unserer Geschichte zurückgeht.

In unserem heutigen Sprachgebrauch ist Stress auch etwas eindeutig Negatives. Wenn wir uns die Ursprünge ansehen, wird deutlich, dass es eigentlich ein ganz gesunder Überlebensmechanismus ist.

Damit Sie die anschließende Geschichte besser verstehen, möchte ich Ihnen kurz etwas über unser Gehirn und das Denken erläutern. Wenn Sie sich ausführlicher mit der Stresstheorie beschäftigen wollen, finden Sie im Literaturverzeichnis einige Hinweise.

Was geschieht in unserem Gehirn?

In unserem Gehirn befinden sich etwa fünfzehn Milliarden Nervenzellen (Neuronen), jede dieser Zellen verzweigt sich in verschiedene Fasern (Axone). Über diese Fasern werden die Nervenzellen miteinander verbunden und verdrahtet. Diese Verbindungen sind zum Teil fest verbunden, zum größten Teil aber nicht. Erst auf bestimmte Signale hin wird der Kontakt hergestellt oder unterbrochen, wie ein Lichtschalter Strom in die Leitungen bringt. Diese Kontaktstellen heißen Synapsen und sind für das Lernen und Erinnern von großer Bedeutung. Sie haben die Aufgabe der Signalübermittlung und spielen eine Rolle für die Informationsspeicherung des Gedächtnisses.

Immer wenn wir Reize und Informationen aufnehmen, werden Impulse weitergeleitet und neue Nervenbahnen aufgebaut und miteinander verbunden.

Eine Reise in die Vergangenheit

Unternehmen wir nun gedanklich eine Reise zurück in die Zeit.

Stellen Sie sich einen Menschen aus der Steinzeit vor, der gerade unterwegs ist um Holz zu sammeln. Plötzlich steht ein großes gefährliches Tier vor ihm, das bedrohlich faucht. Nun muss er blitzschnell reagieren: Flucht oder Angriff. Wenn er jetzt in Ruhe nachdenken und analysieren würde: „Aha, das Tier hat lange spitze Zähne, gefährliche Krallen ... Ob ich besser weglaufe oder bin ich in der Lage, ihm eins über den Kopf zu geben? ... Aber ich habe meinen Speer nicht dabei ...", dann würde er sicher nicht überleben. Es ist also notwendig, **sofort** zu reagieren.

Dazu werden bestimmte Stressmechanismen im Körper ausgelöst: Die Anspannung der Muskulatur wird verstärkt (die es ermöglicht, schnell zu laufen), der Herzschlag wird beschleunigt, der Blutdruck erhöht. Es werden Hormone ausgeschüttet, die eine Verbindung zwischen den Synapsen verhindern und damit das Denken unterbinden. Denn Denken ist in dieser Situation ungesund bzw. lebensgefährlich, hier muss instinktiv und blitzartig reagiert werden.

Insofern ist eine Denkblockade in dieser Situation äußerst positiv.

Denkblockaden

Nun haben wir es heute selten mit gefährlichen Monstern zu tun, aber dennoch ständig mit Situationen, die wir als Stress erleben. Der Mechanismus in unserem Gehirn und die körperlichen Reaktionen sind die gleichen.

Ob es im Stau auf der Autobahn ist, bei einer Auseinandersetzung mit dem Chef oder eben in einer Prüfung. Wenn jemand stark unter Prüfungsangst leidet (und ich kenne wenige Menschen, die Prüfungen lieben), dann steht er vor und während der Prüfung stark unter Stress. Und Stress erzeugt, wie wir oben gesehen haben, Denkblockaden. Wenn der Stress so groß ist, dass die entsprechenden Stresshormone ausgeschüttet werden, dann kann man sich nicht mehr an das erinnern, was man gelernt hat.

Insofern sind Prüfungen weniger dazu da, zu überprüfen, was jemand gelernt hat, sondern wie widerstandsfähig jemand gegen Stress ist.

Lernblockaden

Die Angst vor der Prüfung behindert auch schon das Lernen selber. Denn wenn keine Verbindung zwischen den Synapsen hergestellt ist, kann ich auch keine neuen Informationen aufnehmen.

Von daher hat es nicht viel Sinn, sich zum Lernen zu zwingen, wenn man gerade Stress erlebt hat oder unter Prüfungsangst leidet. Dann ist es wichtig, sich beispielsweise durch Entspannungsübungen wieder in einen ruhigeren Zustand zu bringen.
    Bei sehr starker Prüfungsangst können einige Beratungsstunden mit NLP oder Positivem Denken Ihnen Hilfen vermitteln. Sie können mit positiven Affirmationen arbeiten, damit die Prüfungsangst Sie nicht schon beim Lernen lähmt.
    Da das Lernen in entspanntem Zustand dann erfolgreicher verläuft, können Sie auch sicherer in die Prüfung gehen.

Auch nach einem anstrengenden oder aufregenden Tag sollten Sie sich nicht gleich an die Bücher setzen, sondern erst einmal eine Entspannungsübung machen.

Es ist sinnvoll, vorher erst einmal wieder runterzufahren auf einen normalen Kreislauf, Herzschlag und eine ausgeglichenere Gemütsverfassung. Die 5–10 Minuten, die Sie hierfür „opfern", zahlen sich allemal aus. Das ist keine Zeitverschwendung, wie viele meinen, sondern es macht das anschließende Lernen viel effektiver, da Sie besser verstehen und behalten, was Sie lesen oder erarbeiten.

Lernen Sie die beiden Seiten Ihres Gehirns kennen

Der Beginn einer fruchtbaren Zusammenarbeit

Auch wenn Sie kein Theoriefan sind, sollten Sie diese wenigen Seiten lesen, denn Sie helfen Ihnen besser zu verstehen, wie und warum die hier vorgestellten Lerntechniken funktionieren. Sie können dann Ihr Gehirn, dieses großartige Instrument, besser nutzen und für Ihre Zwecke einsetzen.

Es geht auch darum, eine gemeinsame Verständigungsebene aufzubauen und eine Begrifflichkeit einzuführen, auf die im folgenden oft Bezug genommen wird.

Die Forschung über die Arbeitsweise unseres Gehirns ist noch nicht sehr alt – unser Gehirn ist immer noch eins der größten Geheimnisse. Aber alle sind sich darin einig, dass wir nur Bruchteile unserer Kapazitäten nutzen. Unser Gehirn ist zu viel mehr in der Lage, als wir uns vorstellen können, nur wissen wir meist nicht richtig, wie wir den Zugang zu diesen Möglichkeiten bekommen.

Die Form unseres Gehirns ähnelt der einer Walnuss, es gibt eine rechte und eine linke Seite, die durch einen Balken (ein Bündel von Nervenfasern) verbunden werden. Man hat festgestellt, dass die beiden Seiten offensichtlich unterschiedliche Arbeitsschwerpunkte haben.

Es leuchtet sicher ein, dass es sinnvoll ist, möglichst viel der Kapazitäten zu nutzen, statt nur einzelne Teile oder Bereiche.

Deshalb ist es das Anliegen der hier vorgestellten

Lerntechniken, die rechte und linke Gehirnhälfte zu aktivieren und in den Lernprozess miteinzubeziehen.

Denn die Funktionen **beider** Hälften sind für das Lernen wichtig. Es geht hier überhaupt nicht darum zu sagen, die eine Seite ist besser als die andere. Nein, sie sind unterschiedlich und sie können sich sehr gut ergänzen. Das Ergebnis ist sehr viel besser, als wenn nur eine Seite bevorzugt wird.

Zuerst möchte ich Ihnen eine Geschichte erzählen.*

 **Geschichte:
Ein Ausflug ins Brainland**

„Ich möchte Sie zu einer Reise einladen, zu einer Art Ländervergleich. Wir besuchen ein geteiltes Land, dessen beide Hälften sehr unterschiedlich, ja fast gegensätzlich sind. Sie könnten sich sehr gut ergänzen, wenn – ja, wenn da nicht das Problem der Kooperation, der Zusammenarbeit wäre.

Es herrscht zwar nicht gerade Krieg, auch kein kalter, eher eine friedliche Ignoranz; man lässt die andere Seite gewähren, wagt aber nur selten einen Blick über die Grenze. Noch seltener wagt sich jemand über die Brücke, die über eine tiefe Schlucht führt und den Grenzübergang zwischen den beiden Landeshälften darstellt.

Es handelt sich um Brainland, das in einen rechten und linken Teil gespalten ist, verbunden nur durch diese Brücke, die den Namen „Corpus callosum" trägt.

Der Name stammt sicher von den Linkshirnis, wie die Bewohner der linken Landeshälfte genannt wer-

---

* Die Anregung zu dieser Geschichte erhielt ich durch BEYER, M. 1993, von der ich auch die Begriffe Brainland, Linshirnis und Rechtshirnis übernommen habe.

den. Entsprechend leben auf der rechten Seite die Rechtshirnis.

Wir beginnen unsere Reise im linken Teil. Es ist ziemlich graues Wetter hier, alles sieht aus wie auf einem Schwarz-Weiß-Film, aber die Konturen sind gestochen scharf. Die Straßen sind schnurgerade und übersichtlich, statt mit Straßennamen sind sie durch Zahlen gekennzeichnet und durchnumeriert. Der Gesamteindruck des Landes ist nüchtern und klar, es gibt keine unnötigen Schnörkel und Verzierungen.

Die Menschen in diesem Land sind sehr ordentlich und strebsam. Sie zeichnen sich durch Fleiß, Pünktlichkeit und Disziplin aus. Sie arbeiten sehr viel und müssen oft Überstunden machen, da sich Aktenberge auf ihren Schreibtischen türmen. Sie sind sehr an der Zeit orientiert, überall sieht man auf den Straßen große Uhren hängen.

Ganz anders sieht es auf der rechten Seite aus.

Wir begeben uns mit dem Hubschrauber dorthin, um erst einmal einen Gesamtüberblick zu bekommen. Sofort fällt uns der große Kontrast ins Auge. Alles ist bunt und ungeheuer vielfältig. Die Landschaft ist sehr abwechslungsreich, voller Hügel, Berge und Täler, die Wege sind verschlungen, manche Landstriche sind fast verwildert. In den Städten führen die Straßen kreuz und quer, sie sind keinesfalls gerade und schon gar nicht quadratisch angeordnet wie im linken Teil. Sie machen unvorhersehbare Kurven, verbinden sich mit Nebengassen und Wegen. Die Häuser sind bunt, mit vielen Ornamenten und Verzierungen ausgestattet, überall sind Parks und Gärten mit bunten Blumen, die uns mit ihrem Duft betören. Durch die Straßen schweben Klänge einer wunderschönen Musik, man sieht viele Menschen tanzen und lachen. Überhaupt scheinen die Menschen hier viel mehr Freizeit zu haben. Viele sitzen in Cafés oder gehen in den

Parks spazieren. Wenn sie jedoch Arbeit haben, sind sie sehr kreativ, neigen zu ungewöhnlichem Vorgehen und erzielen ganz verblüffende, oft ganz neue Lösungen. Allerdings kann es auch passieren, dass sie sich im kreativen Spiel etwas verlieren, die Zeit und alles um sich herum vergessen. Disziplin, Liebe zum Detail und Sorgfalt im Kleinen fehlen ihnen. Darüber sehen sie dann ganz großzügig hinweg.

Da die Rechtshirnis gerne fliegen oder auf Berge steigen, um das Große Ganze im Blick zu haben, können sie öfter ins linke Land hinüberschauen. Und einigen ganz besonders kreativen, fast revolutionären Köpfen ist aufgefallen, dass sich die Linkshirnis fast zu Tode schuften und die Rechtshirnis sich fast ein wenig langweilen, weil sie so wenig herausgefordert werden. Und sie kommen auf die tollkühne Idee, dass alle doch viel glücklicher wären und vor allem die Arbeit insgesamt viel schneller und leichter erledigt werden könnte, wenn die Bewohner der beiden Landeshälften zusammenarbeiten würden. Sie könnten alle Aufgaben gemeinsam bewältigen, indem jede Seite den Teil der Aufgabe übernimmt, der ihr besonders leicht fällt, ihren besonderen Fähigkeiten entspricht und vor allem Spaß macht. Beide Seiten zusammen wären zu ganz ungeahnten Produktionen fähig, es könnten noch viel bessere Ergebnisse dabei herauskommen als zur Zeit.

Die Frage ist jetzt, wie man beide Seiten davon überzeugen kann, dass es völlig unnötig ist, solch eine krampfhafte Distanz zu halten, sondern sie sich gegenseitig befruchten können, ohne dass sie ihre Eigenarten und Vorlieben aufgeben müssen.

Im Gegenteil, diese sind ja gerade das Kostbare, mit dem das Wunder zu bewirken ist: spielend leichtes Lernen!

Ich vermute, dass einige Rechtshirnis das am ehesten einsehen und begreifen. Sie können dann mit ih-

rem Charme und ihrer Liebenswürdigkeit einzelne Linkshirnis bezaubern, ein wenig umgarnen und ihnen vor allem einige positive Beispiele präsentieren. Diese sollten allerdings nicht nur zum Anfassen und Ansehen sein, sondern sollten noch durch eine wissenschaftliche Analyse und empirische Forschung, durch Tabellen und logische Ableitungen untermauert und begründet werden. Dann haben die Linkshirnis auch leichteren Zugang zu diesen ungeheuerlichen Gedanken – und: In jedem Linkshirni steckt ein verborgener Rechtshirni – und umgekehrt."

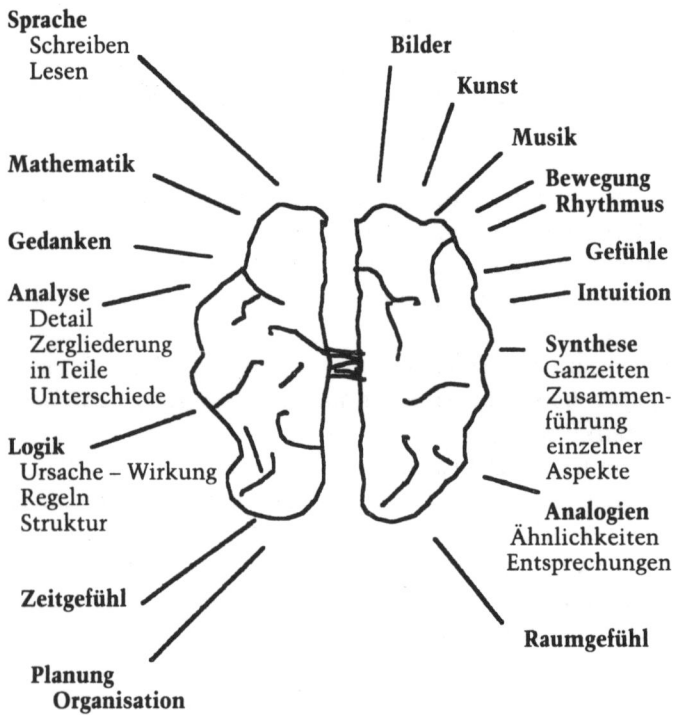

Wenn Sie die Zuordnungen zu den beiden Seiten betrachten, wird Ihnen auffallen, dass in unseren Schulen hauptsächlich die Funktionen der linken Hemisphäre geschult und ausgebildet werden. Links finden Sie all die Hauptfächer, auf der rechten Seite die Nebenfächer: Musik, Kunst, Sport. Das sind Hobbys, die nicht so ernst genommen werden. Bei einem Studium wird logisches lineares und abstraktes Denken noch mehr gefordert. In der Bewertung rangiert die linke Seite in unserer Kultur sehr viel höher als die rechte. Das sind auch die Berufe, mit denen man mehr Geld verdienen kann als mit der „brotlosen Kunst."

Diese eindeutige Bewertung ist keineswegs überall gleich. Es gibt andere Kulturen, wo es genau umgekehrt ist, wo Fähigkeiten wie ganzheitliche Sicht und Intuition sehr geschätzt und gefördert und auch ganz gezielt eingesetzt werden. Das finden wir vor allem in so genannten „einfachen Kulturen", was natürlich schon wieder eine Abwertung beinhaltet. „Es ist eben primitiv, sich auf sein Gefühl zu verlassen!"

Langsam kommen wir dahinter, dass es so einfach schwarz/weiß nicht ist und dass wir eine Menge von dieser anderen Sicht lernen können. Denn jede Einseitigkeit bedeutet eine unnötige Einengung und Beschränkung.

Wenn ich ein bestimmtes Problem logisch analysiere, die einzelnen Aspekte betrachte und es **gleichzeitig** in seiner Gesamtheit sehe und auch meine Intuition und mein Gefühl dazu befrage, werde ich sicher zu umfangreicheren Lösungen finden, als wenn ich nur eine Facette beachte.

Und so ist es auch beim Lernen.

Ob nun auf der Ebene der Schulfächer oder bei der Ausübung eines Berufes: oft herrscht die Meinung, dass man sich nicht verzetteln darf, dass man sich entweder auf die eine Richtung oder die andere konzentrieren muss, um gute Ergebnisse zu erzielen. Entweder man ist Mathematiker und liebt logisches Denken oder man ist ein intuitiver Künstler. Es steckt die Vorstellung dahinter, dass man der einen Seite etwas nimmt, wenn man der anderen etwas gibt. So als ob unser Gehirn wie eine Obsttorte wäre, halb mit Erdbeeren und halb mit Pfirsichen belegt. Wenn ich jetzt mehr Erdbeeren haben will, kann ich nur noch weniger Pfirsiche drauf legen. Bei einem Kuchen stimmt diese Sicht, aber diese lässt sich nicht auf die Arbeitsweise unseres Gehirns übertragen. Hier geschieht nämlich das genaue Gegenteil. Wenn ich die eine Seite mehr fördere, profitiert auch die andere davon.

Da in unserer Kultur hauptsächlich die Fähigkeiten der linken Hälfte trainiert und beansprucht werden, ist es für die meisten Menschen wichtig, die rechte Seite mehr zu aktivieren. (Es gibt da natürlich individuelle Unterschiede!) Viele Übungen in diesem Buch beinhalten ein solches rechtshirniges Training.

Und wie gesagt: dadurch wird die linkshirnige Tätigkeit nicht beeinträchtigt, sondern unterstützt und befruchtet. Es gibt Schulversuche, wo Kinder, die mehr in den künstlerischen und musischen Fächern unterrichtet wurden, auch deutliche Verbesserungen in Mathematik und den wissenschaftlichen Fächern hatten. (Russel, P. 1982)

Über die rechte Gehirnhälfte erfolgt auch der Zugang zum **Unbewussten**, das sozusagen in Bildern denkt, wo Gefühle, Intuition beheimatet sind und auch Erinnerung gespeichert ist.

Am deutlichsten wird das in unseren Träumen, aber auch im Wachzustand wirkt das Unbewusste ebenso wie unser Bewusstsein, oft sogar viel stärker als das Bewusstsein.

Das wird zum Beispiel sehr deutlich bei all den Situationen, wo wir mit dem Verstand etwas analysiert haben, z. B. ein Verhalten, das uns nicht gefällt, das wir un-sinnig oder ungesund finden und wir mit dem Willen beschließen, das zu verändern. Na, wie oft haben Sie schon erlebt, dass es leider so einfach nicht geht?

Da spielen nämlich unsere unbewussten Teile mit hinein, die oft etwas ganz anderes meinen und offensichtlich stärker sind, da sie sich durchsetzen.

Ich möchte an dieser Stelle aber nicht zu sehr in psychologische Bereiche abdriften, obwohl es hochinteressant ist, und verweise Sie auf Literatur. (Vera PFEIFFER, 1997)

An dieser Stelle geht es ja hauptsächlich um Lernen, Behalten und Kreativität. Wenn ich es schaffe, auch die rechte Gehirnhälfte in diese Prozesse miteinzubeziehen bzw. so mit einzubeziehen, dass sie ihre Stärken entfalten kann, beschleunigt und erleichtert das den Lern- und Merkprozess ungeheuerlich. Ich habe leichteren Zugang zur Quelle der Ideen und Einfälle, die neue Wege eröffnen.

Entspannung

Wie bekomme ich nun Zugang zu diesem Bereich?

Durch Entspannung. Entspannung ist das Tor zum Unbewussten und zu den Funktionen der rechten Gehirnhälfte.

Es gibt noch weitere Argumente, warum es notwendig ist, in einem entspannten Zustand zu lernen, wie Sie in dem vorherigen Kapitel über Stress und Denkblockaden nachlesen konnten.

In der Literatur finden sich immer wieder Hinweise, wie berühmte Wissenschaftler zu ihren genialen Entdeckungen kamen. Oft waren das Momente, in denen sie sich nicht bewusst und analytisch mit einem Problem beschäftigten (obwohl diese Phasen vorausgegangen waren), sondern sich entspannten und etwas ganz anderes taten. Und plötzlich kam der Geistesblitz. Ob das Einstein auf einer Sommerwiese liegend war oder Archimedes in der Badewanne. Sie kennen das vielleicht auch von sich selber.

Überlegen Sie einmal kurz: in welchen Alltagssituationen kommen Ihnen gut Einfälle? Unter der Dusche, beim Spazierengehen?

Ich erzähle das alles so ausführlich, damit Sie für sich selber (und für Ihre linke Gehirnhälfte) Argumente haben, warum Pausen, Entspannung, Spielen und Bewegung nicht nur erlaubt, sondern notwendig sind für ganzheitliches Lernen und Arbeiten. Sie bringen **keine** bessere Leistung, wenn Sie ununterbrochen angestrengt am Schreibtisch sitzen. Selbst Ihre linkshirnigen Kapazitäten sind dann irgendwann erschöpft und die rechtshirnigen liegen brach, langweilen sich oder fangen sogar an zu „stören", z. B. mit negativen Gefühlen oder körperlichen Symptomen.

Also: arbeiten Sie mit beiden Seiten zusammen, dann wird Ihr Lernen noch viel effektiver sein und Ihnen auch mehr Freude bereiten. Aber Vorsicht! Sie werden vielleicht nicht mehr so eine deutliche Trennung von Lernen und Vergnügen, von Arbeit und Freizeit erleben, wenn das Lernen zu einem kreativen spielerischen Akt wird. Es besteht auch eine nicht geringe Suchtgefahr (ich persönlich bin z. B. mind-map® süchtig, s. unten), doch die Nebenwirkungen sind gering bzw. höchst erfreulich.

Sie werden Ausflüge in völlig neue Bereiche machen, Exkursionen und Ausgrabungen machen und dabei ungeahnte wertvolle Schätze entdecken, die immer schon in Ihnen schlummerten. Sie finden in den folgenden Kapiteln die Ausrüstung und das Werkzeug, das Sie für diese Unternehmung benötigen. Ich wünsche Ihnen viel Abenteuerlust und Freude bei der Hebung Ihrer Schätze.

Übungen zur Aktivierung der rechten Gehirnhälfte

Neben den vorgestellten Lerntechniken gibt es noch andere Übungen, die die Aktivierung der rechten Gehirnhälfte fördern können. Das sind beispielsweise Bewegungsübungen. Sie finden auf der Abbildung der beiden Gehirnhälften die Stichwörter Bewegung, Rhythmus, Tanz der rechten Seite zugeordnet.

Ich persönlich glaube, dass *jede* Übung, die Bewegung und Rhythmus enthält, förderlich ist für den Lernprozess, ob jetzt speziell die rechte Gehirnhälfte angesprochen wird oder nicht. Bewegung regt den Kreislauf an, fördert die Durchblutung im Gehirn und damit den Denkprozess.

Bewegungsübungen

Es gibt aber einige Übungen, die ganz besonders hilfreich sein sollen. Dazu gehören die Überkreuz-Übungen aus dem Brain Gym, die ich aber hauptsächlich nur aus der Literatur kenne.

Es gibt aber auch viele Klatsch- und Rhythmusspiele (z.T. aus dem Kindergarten!), die sehr viel Konzentration erfordern und damit auch fördern. Man hört es förmlich im Gehirn knacken. Ganz besonders gut sind auch Übungen, wo Bewegungen und Worte kombiniert werden müssen.

Am meisten herausgefordert wird unser Gehirn durch Bewegungen, die **nicht-symmetrisch** sind, d. h. wo der linke Arm etwas anderes macht als der rechte und womöglich das linke Bein etwas anderes als das rechte und dann noch der Kopf ... Meine Lieblingsübung ist hier das „Bogenschießen", eine Vorübung zu T'ai chi-Übungen.

Da ich unter anderem Yogalehrerin bin, kenne ich hier besonders viele Übungen. Yoga scheint mir in vieler Hinsicht förderlich für das Lernen zu sein. Es gibt viele Übungen, in denen erst die eine, dann die andere Körperseite gedehnt oder gedreht wird – ich arbeite also mit den Seitigkeiten. Viele Yogaübungen fördern die Konzentration und Wachheit. Gleichzeitig können die Übungen auch Stress abbauen und zu Entspannung verhelfen.

Suchen Sie sich die Art von Körperübungen und Bewegungen aus, die Ihnen persönlich am meisten Spaß machen. Vielleicht praktizieren Sie schon irgendeine Form oder Sie probieren etwas Neues aus. In Volkshochschulen und Bildungswerken werden viele Kurse angeboten, ob Yoga, Feldenkrais, T'ai chi oder Qi Gong. Probieren Sie aus, was Ihnen gut tut. Nehmen Sie eine Freundin oder einen Freund mit, wenn Sie alleine Hemmungen haben und Sie bleiben dann auch eher am Ball.

Alltags-Tätigkeiten

Es gibt auch im Alltag Tätigkeiten, wo beide Hände in einem unterschiedlichen Rhythmus unterschiedliche Dinge tun. Ich tippe beispielsweise gerade mit beiden Händen in den Computer. Klavierspielen ist wahrscheinlich noch besser, da dort die linke Hand z. B. Akkorde greift und die rechte Hand einen Lauf spielt.

Überlegen Sie einmal, wo in Ihrem Alltag sonst noch solche Handkoordinationsübungen vorkommen.

Wir wissen, dass unsere Bewegungsmuskulatur von der gegenüberliegenden Gehirnseite gesteuert wird: die rechte Hand also von der linken Gehirnhälfte.

Daher ist es eine sehr gute Übung, wenn Sie Rechtshänder sind, einmal alltägliche Handhabungen mit links auszuführen. Rühren Sie mit der linken Hand in Ihrer Kaffeetasse, putzen Sie einmal Ihre Zähne mit der linken Hand. Probieren Sie alles mögliche aus.

Sie können auch einmal mit links schreiben. Als ich vor einigen Jahren mein rechtes Handgelenk gebrochen hatte, habe ich sämtliche Tätigkeiten mit links ausführen müssen. Noch heute finde ich manchmal Notizen, die ich damals mit der linken Hand geschrieben habe, zittrig, aber lesbar.

Ebenso musste ich mit links die Zwiebeln schneiden, das Wasser auf den Tee gießen usw. Eine exzellente Übung für mein Gehirn – das war immerhin ein Trost.

Zeichnen

Hervorragend ist das Zeichnen mit links oder simultan, gleichzeitig mit beiden Händen. Nehmen Sie dazu ein großes Blatt und zwei Kreidestifte und malen Sie los. Einfach irgendwelche Formen, rechts und links das gleiche, am besten mit geschlossenen Augen.

Wasser trinken

Für viele Funktionen und Steuerungen in unserem Organismus ist Wasser notwendig, auch und gerade für die Arbeit unseres Gehirns. Die meisten Menschen trinken viel zu wenig Wasser und meinen, dass andere Getränke genügend Wasser enthalten wie Tee, Kaffee oder Limonaden. Diese enthalten aber alle wasserentziehende Anteile, die sogar noch Wasser aus den Reserven des Körpers abführen.

Es geht aber um reines klares Wasser. Davon sollten Sie täglich 2 1/2 Liter trinken, 1 Glas 1/2 Stunde vor jeder Mahlzeit. Ich empfehle Ihnen hierzu wärmstens das Buch von F. BATMANGHELIDJ 1997, der den Zusammenhang zwischen vielen Krankheitssymptomen und Wassermangel aufzeigt, den wir gar nicht bemerken.

Ich habe immer sehr wenig getrunken und hauptsächlich Tee. Seit ich das Buch gelesen habe und täglich literweise Wasser trinke, hat sich einiges verändert. Zum einen habe ich überhaupt erst wieder ein Durstempfinden entwickelt und ich habe den Geschmack des Wassers wiederentdeckt. Inzwischen schmeckt es mir richtig gut und ich möchte es nicht gegen ein anderes Getränk tauschen. Vor allem bemerke ich aber ein viel höheres Energieniveau, ich kann mich besser konzentrieren, länger arbeiten und komme offensichtlich mit weniger Schlaf aus. Selbst das seit Wochen andauernde graue Regenwetter drückt nicht so auf meine Stimmung und Energie wie ich es sonst gewöhnt war.

Wenn Sie merken, dass Ihre Konzentration beim Lernen nachlässt, trinken Sie ein bis zwei Gläser Wasser. Noch besser ist es natürlich, wenn Sie es regelmäßig und somit vorbeugend trinken.

Probieren Sie es aus. Es ist das billigste Heilmittel und am leichtesten zu besorgen. Wenn Sie Leitungswasser trinken, ersparen Sie sich außerdem das Schleppen schwerer Mineralwasserkästen.

Lerntechniken

Wie Sie leichter, schneller und mit mehr Spaß trockene Fakten auswendig lernen können

In diesem Kapitel lernen Sie einige grundlegende Lerntechniken kennen und anwenden. Wenn Sie diese Grundlagen beherrschen, können Sie damit jonglieren und variieren und Sie auf Ihre konkreten Bedürfnisse zuschneiden und verändern. Ihnen werden auch eigene Techniken einfallen – wenn Sie erst einmal auf dieser Spur sind.

Innere Bilder und Bilderketten

Die Grundlage für viele Lerntechniken und Gedächtnistricks ist die Fähigkeit, sich den Lernstoff bildhaft vorzustellen. Unser Gehirn speichert Bilder sehr viel leichter und vor allem dauerhafter als abstrakte Worte. Um so eindrücklicher und außergewöhnlicher ein solch inneres Bild ist, um so besser können Sie sich die damit gelernte Information einprägen.

Dazu brauchen Sie ein wenig Übung und vor allem Mut zu ungewöhnlichen Phantasien. Viele Teilnehmer in meinen Seminaren haben damit zuerst einmal Schwierigkeiten. Vielleicht ist Ihnen in Ihrer Kindheit das bildhafte kreative Denken abgewöhnt worden, was leider sehr häufig in der Schule geschieht. „Du hast aber eine blühende Phantasie" klingt dann wie ein Vorwurf.

Nun müssen Sie es sich wieder angewöhnen. Diese Formulierung soll aber auch darauf hinweisen, dass Sie bereits über diese Fähigkeit verfügen, sie ist nur etwas unterdrückt oder zur Seite gedrängt worden.

Also, entdecken Sie Ihre kreativen Fähigkeiten wieder und gestalten Sie ungewöhnliche einprägsame Bilder.

Beispiel: Wortlisten lernen

Sie haben nun eine Liste von Worten vor sich oder etwas anderes, das Sie lernen wollen oder sollen.

Sie versuchen vielleicht, sich diese Worte einzuprägen, indem Sie sie öfter durchlesen, vielleicht laut oder innerlich leise wiederholen. Vielleicht ordnen Sie die Begriffe auch nach einem bestimmten System und versuchen sinnzusammenhängende Begriffe hintereinander zu lernen. Oder Sie teilen die Liste in kleinere Teillisten. All das sind Schritte, die Ihnen das Behalten erleichtern können. Aber bei all diesen Methoden versuchen Sie noch, sich die z.T. vielleicht abstrakten Begriffe zu merken.

 Wie es geht:

Es geht sehr viel leichter und schneller, wenn Sie die Worte in **konkrete anschauliche Bilder** verwandeln. Statt sich „den Hund" zu merken, stellen Sie sich einen konkreten Hund vor, so präzise wie möglich. Ist es ein kleiner oder ein großer Hund, ist es ein Schäferhund, Dackel oder eine Promenadenmischung, hat er ein schwarzes oder braunes Fell? Darüber hinaus können Sie den bislang zwar konkreten, aber immer noch sehr „normalen" Hund in einen sehr ungewöhnlichen Hund verwandeln. Sie können ihn zu einer riesigen **Größe** wachsen lassen, so dass er das ganze Zimmer ausfüllt – oder wenn Ihnen das zu bedrohlich ist, können Sie ihn ganz winzig klein schrumpfen, so dass er auf eine Handfläche passt.

Bewegte Bilder prägen sich zusätzlich noch besser ein als statische. Also bringen Sie Bewegung in Ihr Bild, lassen Sie den Hund springen oder laufen.

Es sollten möglichst **viele Sinne** angesprochen werden: das „Sehen" haben wir schon reichlich ausgeschmückt, nun können wir noch das „**Hören**" dazunehmen und uns vorstellen, wie der Hund bellt, kläfft oder jault. Auch den **Tastsinn** können wir einsetzen und uns vorstellen, wie wir den Hund streicheln oder er uns anspringt. Wenn der Hund gerade aus dem Regen ins Haus kommt, können wir auch etwas **riechen**. Das **Schmecken** ist in diesem Fall vielleicht nicht so passend.

Aber Sie verstehen schon, worum es geht: möglichst viele Sinne in jedes Bild miteinzubeziehen.
  Denn umso konkreter, aber auch umso ungewöhnlicher das Bild ist, umso besser können wir es behalten.
  Farbige Bilder prägen sich besser ein als schwarzweiße. Bringen Sie also Farbe in Ihr Bild.

Aber wir sind noch nicht fertig. Eine weitere Hilfe, das Bild ungewöhnlich zu gestalten, kann sein, etwas **Komisches, Lustiges oder Absurdes** zu konstruieren. Wenn das Bild außerdem **mit einem starken Gefühl verbunden** ist, unterstützt das auch die Gedächtnisleistung. Normalerweise bin ich ja für positive Vorstellung und Gefühle, habe aber bei den Lerntechniken bemerkt, dass mir oft leicht gruselige oder eklige Bilder kommen – und ich mir diese besonders gut merken kann. In diesem Fall nehme ich das, was mir hilft!

Es ist auch hilfreich, wenn Bilder mit einer konkreten **Erinnerung** an eine Situation oder einen Menschen verbunden sind. Diese Verknüpfung mit bestimmten Gefühlen oder Erinnerungen stellt sich oft von selber her und man kann sie dann nutzen.

Achten Sie aber darauf, dass Ihre Bilder nicht zu kompliziert sind oder sich zu ganzen Geschichten ausweiten. Dann erinnern Sie zwar anschließend die Geschichte, wissen aber nicht mehr genau, welches Wort Sie sich merken wollten. War es „Licht" oder „Lampe"? Deshalb sollten die Bilder **einfach** und **klar** sein und sich auf das **Wesentliche** konzentrieren.

Damit kein Missverständnis aufkommt: Sie müssen nicht bei jedem Bild (Wort), das Sie sich einprägen wollen, sämtliche Kriterien anwenden. Das ist überhaupt nicht nötig. Oft reichen ein oder zwei dieser Hilfen aus, um ein außergewöhnliches und eindrückliches Bild zu konstruieren. Ich habe Ihnen nur eine Sammlung von Möglichkeiten geboten, aus der Sie jeweils die auswählen, die gerade passend oder hilfreich sind.

Wenn es sich um ein so einfaches Wort wie in unserem Beispiel handelt, genügt es zum Beispiel, den Hund zu einer absurden Größe zu verwandeln. Aber bei schwierigeren oder abstrakteren Wörtern kann es hilfreich sein, mehrere Kriterien anzuwenden.
  Allerdings nicht nur bei schwierigen. Gerade bei einfachen Wörtern wird manchmal der Fehler gemacht, sie nicht stark genug zu verwandeln. „Ach, das kann ich mir so merken", höre ich oft in meinen Seminaren. Wenn Sie sich nur das eine Wort merken wollen, stimmt das ganz sicher. Aber es geht ja hier darum zu lernen, wie Sie sich eine Fülle von Informationen für eine lange Zeit merken können. Und dann ist es sehr wichtig, sich wirklich ungewöhnliche Bilder zu machen, damit Sie sich auch in drei Wochen oder drei Jahren noch daran erinnern.

Wenn jedoch nach längerer Zeit die Worte fest verankert sind, weil ich sie (zum Beispiel bei einer Sprache) in der Zwischenzeit auch angewendet habe, muss ich den „Umweg" über die Bilder nicht mehr gehen. Ich erinnere mich sofort, ohne dass das Bild bewusst heraufbeschworen werden muss. Ich kann die Bilder loslassen. Das ist kein bewusster Prozess, sondern geschieht automatisch.

Ein weiterer möglicher Fehler kann auftreten, wenn zwei Worte (Bilder) in einer Verbindung zueinander stehen, wie zum Beispiel „Telefon" und „Schreibtisch". Dann höre ich oft: „Das passt ja gut!" Aber für unsere Lernmethode „passt das gar nicht gut", weil es eben in der Realität durchaus so sein kann, dass ein Telefon auf einem Schreibtisch steht. Das ist kein ungewöhnliches Bild. Dann ist Ihre Phantasie besonders gefragt, denn Sie müssen bei solchen Wörtern noch viel bewusster etwas Ungewöhnliches konstruieren.
Am einfachsten geht es wieder mit Größenveränderung:

Sie können sich vorstellen, dass das Telefon so riesig groß ist, dass es fast den ganzen Schreibtisch bedeckt und Sie nur mit Mühe am Rand etwas schreiben können, weil kein Platz mehr ist.
Oder umgekehrt: das Telefon ist winzig klein und unter Bergen von Papieren versteckt. Sie hören es klingeln und suchen hektisch unter ihren Papieren.
Beim letzten Beispiel sind mehrere der Hilfskriterien angewandt: Größenveränderung, Geräusch (Telefonklingeln), Bewegung (Sie suchen unter den Papieren herum).

Sie müssen in Ihrem Alltag oder in Ihrem Beruf wahrscheinlich kaum solche Wortlisten oder Wortpaare auswendig lernen. Dies ist auch nur eine Vorübung für die eigentlichen Lerntechniken, um das Erzeugen und vor allem Verbinden von Bildern zu üben, weil das die Voraussetzung und Grundlage vieler Lerntechniken ist, von denen Sie einige in diesem Buch kennen lernen werden.

Vielen Menschen erscheint diese Methode erst einmal kompliziert. Sie haben den Eindruck, dass es noch mehr Arbeit ist und noch länger dauert: nicht nur, dass sie sich ein Wort merken sollen, nun sollen sie sich dazu auch noch ein Bild ausdenken und sich das auch noch merken. Das ist also quasi doppelte Arbeit. – Das stimmt aber nicht. Ich will Ihnen das mit einem Beispiel erklären, mit einer Analogie.

Stellen Sie sich vor, Sie stehen an einem Fluss, den Sie überqueren wollen. Sie haben einen Rucksack auf, der voller Informationen ist, die Sie lernen wollen. Auf der anderen Seite des Flusses ist das Langzeitgedächtnis, wohin Sie Ihre Informationen bringen wollen. Dazu benutzen Sie ein Boot (das sind die inneren Bilder, die Sie sich machen), das Sie hinübertransportiert.

Die Bilder sind also nichts zusätzliches, das Sie lernen müssen, sondern Sie sind quasi das Transportmittel für Ihren Lernstoff in Ihr Gedächtnis. Und da unser Gehirn Bilder eben viel leichter aufnimmt und besser speichert als Worte, ist es eine Arbeitserleichterung.

Wenn Sie diese Technik eine Weile geübt und angewandt haben, geht es auch sehr viel schneller als zu Beginn, so dass Sie nicht mehr Zeit aufwenden müssen, als bei herkömmlichem Auswendiglernen, sondern erheblich weniger.

Und natürlich wenden Sie die Methode nicht an bei Lernstoff, der Ihnen ohnehin leicht fällt, sondern bei schwierigen und komplizierten Dingen, wo Sie es sich eben nicht „einfach so" merken können.

Mit der Zeit wird Ihnen dann auch auffallen (und manche erleben es vom ersten Moment an so), dass Ihnen diese Art zu lernen viel mehr Spaß macht. Sie sind schöpferisch und kreativ, basteln sich Ihre eigenen Bilder oder ganze Filme, sind erstaunt über Ihre Phantasie (wenn Sie sie erst einmal losgelassen haben) und bekommen auch öfter was zu lachen. Sie merken gar nicht mehr richtig, dass Sie lernen ...
Das ist eines der Ziele dieses Buches: dass Sie leicht, spielerisch und scheinbar nebenbei lernen.

Zusammenfassung

Um sich Lernstoff leichter und dauerhafter einzuprägen, machen Sie sich innere Bilder. Diese Bilder sollten ungewöhnlich sein, damit Sie besser und länger im Gedächtnis bleiben. Die unten aufgeführten Kriterien helfen Ihnen, die Bilder ungewöhnlich zu gestalten.

- **Übertrieben**
  Göße oder Menge verändern,
  riesengroß oder winzigklein,
  superlang oder ganz kurz,
- **alle Sinne miteinbeziehen**
  Ton, Geräusche, Klänge
  konkretes Bild / Tastsinn oder Berührung
  Geruch / Geschmack
- **Bewegung**
  Bewegung im Bild enthalten oder
  Bewegung beim Lernen (Körperlernen)

- **erotische/sexuelle Bilder**
- **witzige oder absurde Bilder**
- **farbige Bilder**
- **einfache und klare Bilder**
  Auf das Wesentliche beschränken,
  nicht zu viel Ablenkendes in das Bild hineinnehmen
- **Gefühle**
  Bilder mit starken Gefühlen verbinden
  (positiven oder negativen)
- **Erinnerung**
  Erinnerung an eine konkrete Situation,
  an ein Erlebnis, einen Menschen

Bilder verknüpfen

Diese ganzen Hinweise zum Bildermachen werden Ihnen verständlicher, wenn Sie jetzt Ihre erste Übung durchführen.

Wir beginnen zuerst mit einer Liste von Substantiven (Hauptwörtern), weil das am einfachsten ist. Am leichtesten ist es mit konkreten Wörtern, ich habe aber auch schon einige abstrakte Begriffe mit hinzugenommen, so können Sie das gleich mitüben.

Sie sehen sich gleich die Wortpaare auf der nächsten Seite an. Nehmen wir einmal an auf der linken Seite steht „Wandschmuck" und auf der rechten Seite steht „Zähne".

Dann besteht ihre Aufgabe darin, sich zu jedem der Begriffe ein konkretes Bild zu machen und diese **beiden Bilder zu einem ungewöhnlichen Bild zusammenzufügen,** zu einem **Merkbild**.

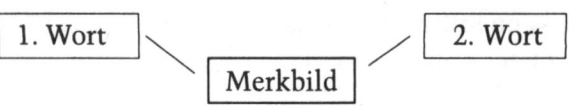

So könnte ich mir zum Beispiel vorstellen, wie ich aus meinen alten Zähnen einen etwas seltsamen Wandschmuck gebastelt habe, der an meiner Wohnzimmerwand hängt.

Oder es hängt ein Wandschmuck an meiner Wand, den ich sehr hässlich finde oder ich habe gerade einen Wutanfall und beiße mit meinen Zähnen in diesen Wandschmuck.

Wenn Ihnen das jetzt verrückt oder weit hergeholt vorkommt, dann ist es genau richtig. Denn wie ich schon erwähnte: die Bilder können gar nicht verrückt und ungewöhnlich genug sein. Sie brauchen erst einmal vielleicht etwas Überwindung, so etwas überhaupt zu denken. Aber niemand hört oder sieht, was Sie für innere Bilder haben. Und ich kann Sie nur ermutigen, es zu wagen. Denn nur wenn Sie es ausprobieren, können Sie erfahren, wie gut diese Methode funktioniert. Und ich kann Ihnen garantieren, dass es klappt. Ich mache seit über 15 Jahren Seminare zu diesem Thema und auch individuelle Lernberatung – und diese Methode war immer erfolgreich und für die Teilnehmer sehr verblüffend, wie schnell sie sich plötzlich 20 Begriffe merken konnten und mehr.

 Übung

Sie gehen folgendermaßen vor:
Sie sehen sich die erste Zeile mit den beiden Wörtern an, machen sich vor Ihrem inneren Auge Bilder zu diesen beiden Wörtern und verknüpfen diese zu **einem** ungewöhnlichen Bild.

Es kann hilfreich sein, dabei die Augen zu schließen. Probieren Sie aus, wie es für Sie leichter ist.

Dann gehen Sie zur zweiten Zeile, sehen sich die beiden Wörter an und verknüpfen diese zu einem ungewöhnlichen Bild, dann die dritte Zeile usw.

Wichtig ist, dass Sie sich jedes Wortpaar nur einmal anschauen und ein Bild dazu machen, damit Sie selber erleben können, wie leicht das mit dieser Methode geht. Wenn Sie sich die Wörter öfter anschauen, ist es kein großer Unterschied zu Ihrem bisherigen Lernen.

Also, nur **einmal** jedes Wortpaar lesen und ein Bild machen.

Topfblume	**Klang**
Tee	**Fahrrad**
Kuckucksuhr	**Erinnerung**
Computer	**Teppichklopfer**
Baum	**Taucherbrille**
Urlaub	**Schreibtisch**
Kaugummi	**Postkarte**
Hausschuhe	**Glühbirne**
Katze	**Radio**

👁 Wenn Sie dann mit der Liste durch sind, kontrollieren Sie sich selbst auf folgende Weise:
Legen Sie ein Blatt Papier über die linke Spalte der Worte und lesen Sie das erste Wort auf der rechten Sei-

te, zum Beispiel: Wandschmuck. Sofort fallen Ihnen die Zähne ein. So gehen Sie weiter jedes Wort auf der rechten Seite durch und erinnern sich an die Worte der linken Seite.

Dann kontrollieren Sie noch umgekehrt, legen das Blatt über die rechte Spalte und lesen das erste Wort der linken Spalte: Zähne. Nun fällt Ihnen sofort der Wandschmuck ein, da Sie die beiden Worte in einem Bild miteinander verbunden haben.

Wie ich schon schrieb, meistens sind die Menschen, mit denen ich arbeite, äußerst überrascht, wie gut sie alle 20 Wörter behalten haben und wie schnell es ging.

Oft kommt dann die Frage, wie lange das denn im Gedächtnis bleibt. Sie haben ja jetzt unmittelbar nach dem Lernen wiederholt.

Prüfen Sie es doch selber. Machen Sie am nächsten Tag noch einmal die Probe, indem Sie jeweils eine Seite abdecken und sich an die andere erinnern.

Sie können es auch in einer Woche noch einmal überprüfen.

Wenn es nicht sofort klappt

Es kann auch vorkommen, dass Ihnen ein Wort vielleicht nicht sofort oder gar nicht eingefallen ist. Überprüfen Sie dann noch einmal das Bild, das Sie sich vorgestellt haben. Vielleicht war es nicht ungewöhnlich genug? Oder es war zu abstrakt oder zu kompliziert, so dass Sie nicht mehr genau wussten, was Sie sich eigentlich merken wollten.

Schauen Sie auch, welche Worte Sie sich besonders leicht merken konnten, denn daran können Sie auch lernen. Waren das vielleicht Bilder, die besonders witzig waren oder die mit einer konkreten Erinnerung verknüpft waren?

Lassen Sie sich auf jeden Fall nicht entmutigen, wenn Sie nicht sofort alle 20 Wörter behalten haben. Diese Technik der innerer Bilder muss geübt werden, lassen Sie sich ruhig etwas Zeit damit. Probieren Sie es im Alltag auch immer wieder, wenn Sie an etwas denken oder etwas lesen ... Basteln Sie schnell ein Bild dazu, so wird Ihnen das immer mehr zur Gewohnheit.

Und machen Sie einfach mit den nächsten Übungen weiter, denn damit üben Sie diese Technik weiterhin – bis Sie Ihnen in Fleisch und Blut übergegangen ist.

Ich möchte Ihnen hier noch einige Beispiele für innere Bilder geben, indem ich Ihnen meine Bilder erzähle, die ich mir zu der obigen Wortliste gemacht habe. Aber denken Sie bitte nicht, dass Ihre Bilder „falsch" sind, wenn Sie andere Bilder haben. Das ist vollkommen richtig. Jeder Mensch bastelt **seine** Bilder, die meist auch irgend etwas mit dem eigenen Hintergrund zu tun haben, bewusst oder unbewusst.

Topfblume – Klang
Ich stelle mir vor, jedes Mal wenn ich meine Topfblumen im Wohnzimmer gieße, bedanken Sie sich mit einem wunderbaren Klang.
(Ich vergesse nämlich oft meine Blumen zu gießen und das würde mich sicher etwas anspornen, daran zu denken.)

Tee – Fahrrad
Ich habe es mal wieder sehr eilig und trinke deshalb meinen Frühstückstee, während ich mit dem Fahrrad zur Arbeit fahre.

(Was nicht so einfach ist, weil es sehr bergig ist, außerdem ist mir ein ruhiges beschauliches Frühstück ganz wichtig, deshalb ist diese Vorstellung für mich besonders absurd.)

Computer – Teppichklopfer
Da ich immer wieder Schwierigkeiten mit meinem Computer habe, weiß ich mir irgendwann nicht anders zu helfen, als mit meinem Teppichklopfer drauf zu hauen.

Katze – Radio
Ich sehe eine Katze, die sich am liebsten so vor ein Radio legt, dass der Lautsprecher ganz verdeckt ist und man kaum etwas von der Musik hören kann.

Oder ich kann mir ein Radio vorstellen, das die Form einer Katze hat und erst immer einmal miaut, wenn ich es anmache.

Wenn Sie es einige Male geübt haben, wird es auch bei Ihnen immer schneller gehen. Bei mir ist es so, dass es quasi automatisch abläuft: jemand sagt etwas oder ich lese etwas und sehe gleichzeitig sofort ein Bild vor meinem inneren Auge. Oft ist es dann ein komisches Bild, so dass ich kichern muss – und sich der Erzählende wundert. Aber viele Dinge sind sehr erheiternd, wenn man sie sich wörtlich vorstellt.

Das ist noch ein Nebeneffekt: durch das Bildermachen bekommt man eine bewusstere Wahrnehmung der Sprache. Viele Wörter und Redewendungen haben sich eingeschliffen, ohne dass man noch über die ursprüngliche Bedeutung nachdenkt. Durch das innere Visualisieren wird das plötzlich deutlich – und eben oft komisch.

Selbst wenn Ihnen nicht immer und zu allen Gelegenheiten äußerst ungewöhnliche Bilder einfallen: oft reicht es schon, sich diesen Moment Zeit zu nehmen, um an einem Bild herumzubasteln. Als ob das Wort sich für die Aufmerksamkeit bedanken wollte, die ich ihm einen Moment gewährt habe, bleibt es dann im Gedächtnis hängen.

Vieles vergessen wir nämlich auch, weil wir zu schnell und oberflächlich drüber weg huschen und entweder denken: ach, das ist ganz einfach, oder denken: das merk ich mir nie. Damit haben wir das Wort quasi abgewiesen: ist es da ein Wunder, wenn es sich beleidigt verzieht?

Ehe Sie mich für völlig verrückt halten: diese Art von spielerischen Gedanken ist auch eine Art „Lernmethode". Nämlich abstrakte Abläufe auf eine konkrete Ebene zu holen und sie sich mit Beispielgeschichten oder Analogien deutlicher zu machen. Und damit hängt auch ein ganz entscheidender Aspekt zusammen, der fast der wichtigste Schlüssel zum Lernerfolg ist: diese Methoden machen sehr viel mehr Spaß als herkömmliches Pauken und Auswendiglernen.

Gönnen Sie sich den Spaß. Erlauben Sie sich, über Ihre Bilder zu lachen. Das garantiert Ihnen eine umso höhere Merkquote.

Es ist nämlich nicht so, dass Freude beim Lernen hinderlich ist und lernen nur funktioniert, wenn Sie sich quälen oder zumindest langweilen. Im Gegenteil: umso leichter und lockerer Sie an das Lernen herangehen, umso besser funktioniert es. Und darum geht es Ihnen ja hauptsächlich: dass Sie leichter und besser und schneller lernen können. Auch wenn Sie es noch nicht glauben können, weil es Ihren bisherigen Erfahrungen und inneren Glaubenssätzen widerspricht: wenn Sie Spaß dabei haben, geht es sogar noch besser.

Sie werden es erleben, während Sie weiter dieses Buch durcharbeiten.

Erinnern Sie sich an eins Ihrer Hobbys. Wenn Sie etwas brennend interessiert und Sie Freude beim Tun haben, lernen Sie es ganz leicht – oder? Und so kann es Ihnen auch jetzt beim Lernen gehen.

Lernen ist nämlich ein sehr ursprüngliches menschliches und lustvolles Bedürfnis. Sie können das bei Kindern beobachten, die noch sehr neugierig und wissensdurstig sind. Für sie ist die Welt noch aufregend und spannend und sie fragen ihren Eltern Löcher in den Bauch. Sie lernen jeden Tag etwas hinzu, jeden Tag erobern sie sich ein bisschen mehr von dieser Welt. Leider wird spätestens in der Schule dieser ursprüngliche Wissensdrang gedämpft, weil sie nicht einfach dazwischenfragen dürfen oder nicht die Themen behandelt werden, die sie gerade beschäftigen. Die Interessen sind in vorgegebene Themen und bestimmte Stundenpläne gepresst und selbst die Uhrzeit ist vorgegeben, wann sie sich für was zu interessieren haben. Vor allem wird der Stoff sehr oft einfach nur vorgetragen in einer Form, die für viele Kinder uninteressant oder unverständlich ist – und so geht langsam die Freude am Lernen verloren. Natürlich gibt es auch andere Erfahrungen, Lehrer, die von ihrem Stoff begeistert sind und ihn auch entsprechend spannend vermitteln können. Doch ich fürchte, das ist immer noch eher die Ausnahme.

Bei den in diesem Buch vorgestellten ganzheitlichen Lerntechniken geht es darum, diese ursprüngliche Freude und Neugier am Lernen wieder zu entdecken, sich quasi wieder daran zu erinnern und wieder genauso unbefangen ans Lernen heranzugehen, wie Sie es als Kind taten.

Wir wollen nun eine weitere Vorübung zu den Lerntechniken machen, indem wir nicht nur Substantive miteinander verbinden, sondern auch Verben (Tätigkeitswörter) und Adjektive (Eigenschaftswörter) mit hinzunehmen. Außerdem sind mehr abstrakte Wörter dabei. Bei diesen ist es wichtig, dass Sie sie in konkrete Bilder übersetzen oder ein konkretes Symbol dafür finden, das für Sie diesen Begriff darstellt. Bei dem Begriff „Freiheit" könnten Sie sich zum Beispiel die Freiheitsstatue vorstellen.

Sie gehen genauso vor, wie ich es bei der ersten Liste beschrieben habe, Zeile für Zeile:

Bahnhof	**Kamel**
laufen	**Gespräch**
effektiv	**Wiese**
Mangel	**schreiben**
schön	**Kästchen**
Pension	**Problem**
Gleichgewicht	**Ritter**
singen	**Auto**
Klappe	**Bleistift**
Kalender	**begeistert**

Führen Sie die Übung durch und kontrollieren Sie dann wieder das Gelernte, indem Sie erst die eine Seite, dann die andere Seite zuhalten und sich an das jeweilige andere Wort erinnern. Erst dann schauen Sie sich meine Beispiele an.

Ich gebe Ihnen immer wieder eigene Beispiele, damit Sie möglichst viele davon kennen lernen. Dadurch kommen Sie selbst auch wieder auf weitere und neue Ideen.

Es ist natürlich ganz hervorragend, wenn Sie jemanden aus Ihrer Familie oder aus Ihrem Freundeskreis dazu bewegen können, mit Ihnen zusammen solche Übungen zu machen.
    Sie machen erst einzeln für sich die Übung und erzählen sich dann gegenseitig Ihre Bilder. Das macht Spaß und Sie bekommen noch mehr Anregungen durch die Bilder des anderen.

 Einige Beispiele:

Bahnhof – Kamel
Seit 8 Jahren gehe ich jedes Jahr einmal in die Wüste. Da ich Kamele liebe, konnte ich diesmal nicht widerstehen und habe mir eins mitgebracht. Ich sehe die Szene auf dem Bahnhof, als ich mein Kamel aus dem Gepäckwagen abhole und ihm dankbar mein Gepäck auflade und anschließend den Bahnsteig entlang reite.

Laufen – Gespräch
Ich will schon lange etwas für meine Kondition tun und habe mich entschlossen, regelmäßig durch den Wald zu laufen. Da ich dazu Antrieb und Unterstützung brauche, laufe ich mit einem Freund zusammen. Da ich aber auch gerne rede, führen wir beim Laufen immer ein anregendes Gespräch. Das ist aber sehr an-

strengend und bringt mich völlig außer Puste, so dass ich jedes Mal am Anfang laut rufe: „Kein Gespräch beim Laufen!"

Effektiv – Wiese
Zu meinen Pflichten gehört es, regelmäßig die Wiese in meinem Garten zu mähen. Da ich so wenig Zeit habe und es auch nicht gerne mache, überlege ich ständig, wie ich das effektiver machen kann, weniger anstrengend und zeitsparend zugleich.

Verschiedene Ideen dazu: Ein Schaf leihen, einen elektrischen Rasenmäher und gleichzeitig mit dem walkman einen Sprachkurs hören etc.

Mangel – schreiben
(Hierzu muss ich mir etwas ausdenken, das für mich Mangel konkret ausdrückt und das nehmen, wo sich Mangel für mich am deutlichsten zeigt.)

Leide ich z. B. an Zeitmangel, kann ich mir vorstellen, wie ich ganz schnell etwas über Zeitmanagement schreibe.

Leide ich unter Geldmangel, schreibe ich, um reich und berühmt zu werden.

Ich kann auch ein Gedicht über „Den Mangel" schreiben und vor meinem inneren Auge sehen und hören, wie ich bei einer Dichterlesung laut deklamiere: „Der Mangel ..." (Dieses Bild gefällt mir am besten, denn es ist konkret und witzig und unvorstellbar ...)

Pension – Problem
Sie haben in einer Pension ein Zimmer gebucht und als Sie dort ankommen, begrüßt Sie der Mitarbeiter an der Rezeption ganz aufgeregt: Es tut mir leid, wir haben ein Riesenproblem, wir müssen alle Zimmer doppelt belegen (oder etwas anderes, das für Sie persönlich ganz unangenehm ist.)

Klappe – Bleistift
Sie kennen einen Menschen, der Sie ständig vollquatscht und eines Tages stecken Sie ihm einen Bleistift in den Mund, so dass der Mund zwar auf ist, er aber nicht mehr sprechen kann und sie sagen: halt die Klappe!

Das ist natürlich ein sehr unfreundliches Bild und deshalb können Sie sich auch vorstellen, wie die Klappe Ihres Briefkastens sich öffnet und ein Bleistift nach dem anderen herausfällt, ewig lang, es hört überhaupt nicht mehr auf und Sie rufen jedes Mal laut „Ein Bleistift! Ein Bleistift!" (Denn Sie müssen sich das Wort ja in der Einzahl merken.)

Das erinnert mich wiederum an einen Sketch von LORIOT: „Ein Klavier! Ein Klavier!", aber das führt jetzt zu weit ...

Sie erinnern sich noch: übertreiben Sie ruhig maßlos, sonst prägen sich die Bilder nicht so gut und so lange ein. Ziehen Sie innerlich eine Riesenshow ab, tanzen, springen, rufen und singen Sie.

Sie müssen sich im übrigen nicht immer selbst in den Bildern sehen, Sie können sich auch andere Personen (fremde oder bekannte) vorstellen oder Bilder ganz ohne Personen.

Es ist wirklich **alles** erlaubt und möglich – wenn es Ihnen hilft, sich zu erinnern.

Bildermachen im Alltag

Ich habe weiter oben geschrieben, dass diese Bilderverknüpfung mit den Wortlisten noch keine eigentliche Lerntechnik darstellt, sondern nur eine Vorübung ist.

Dennoch können Sie sich hiermit schon im Alltag helfen.

Es gibt ja oft Situationen, wo einem etwas einfällt, was man später, wenn man wieder zu Hause ist, erledigen will. Oder man möchte später jemandem etwas mitteilen. Nicht immer hat man in solchen Situationen etwas zum Schreiben zur Hand oder es ist einem zu lästig. Das sind die Situationen, wo man sich den berühmten Knoten ins Taschentuch macht.

Sie können statt dessen in Ihrem Kopf Bilder verknüpfen, so wie Sie es schon geübt haben.

Dazu machen Sie sich zum einen ein Bild von der Tätigkeit, die Sie erledigen wollen und zum anderen ein Bild von der Situation, wo oder wann Sie es erledigen wollen und das bringen Sie dann wieder zu einem ungewöhnlichen Bild zusammen. Also statt der zwei vorgegebenen Wörter aus der Liste, zu denen Sie sich Bilder gemacht haben, haben Sie nun zwei Bilder von etwas, das Sie erledigen wollen. Für Ihr Gehirn ist das das Gleiche.

Ich gebe Ihnen einige Beispiele, dann wird es deutlicher.

 **Beispiele**

● Sie stehen in der Straßenbahn oder erledigen gerade Ihre Einkäufe und es fällt Ihnen ein, dass Sie unbedingt Ihren Steuerberater anrufen müssen und zwar sofort, wenn Sie nach Hause kommen, weil er sonst nicht mehr im Büro ist.

Dann stellen Sie sich die Situation vor, wie Sie durch Ihre Wohnungstür kommen (denn **dann** wollen Sie ja daran denken) und direkt hinter der Tür steht ein riesengroßes Telefon, das Ihnen den Durchgang versperrt. Oben auf dem Telefon sitzt Ihr Steuerberater – und Sie können erst durchgehen, wenn Sie Ihre Sache geregelt haben.

→ Ein grundsätzlicher Tipp, der auch für die späteren Lerntechniken gilt: wenn Sie sich an ein zu erledigendes Telefonat erinnern wollen, müssen Sie auch immer die Person ins Bild bringen, die Sie anrufen wollen.

● Wenn Sie zu Hause sind und am nächsten Tag im Büro einem Kollegen etwas Wichtiges sagen wollen (zum Beispiel suchen Sie eine wichtige Unterlage über ein bestimmtes Hausprojekt und wollen ihn fragen, ob er diese hat), sehen Sie die Situation, wie Sie morgens ins Büro kommen, mit diesem Kollegen zusammenprallen, dem dabei ein riesiges Haus von der Schulter fällt.

Ich kann aus eigener Erfahrung sagen, dass es gut funktioniert. Der Punkt, weshalb wir oft solche Dinge vergessen, ist, dass wir nur einen ganz flüchtigen Gedanken daran verschwenden (ach, das muss ich dem sagen) und oft gleichzeitig noch die negative Selbstsuggestion hinterherschicken („Hoffentlich vergesse ich das nicht!") und uns damit selbst schon negativ vorprogrammieren.

Wenn ich mir hingegen bewusst ein Bild konstruiere, habe ich diesem Gedanken eine kurze Zeit gewidmet. Diese besondere Beschäftigung damit führt dazu, dass ich es behalte. Dabei taucht dann in der entsprechenden Situation nicht unbedingt dieses Bild auf, aber ich behalte es.

Noch ein Beispiel von mir:
- Die gefahrene Kilometerzahl bei Seminaren aufschreiben. Ich hatte es auf der Hinfahrt vergessen, blieb also noch die Rückfahrt. Ich stelle mir also vor, wie ein riesiger Bleistift quer durch das Lenkrad gesteckt ist, den ich erst herausnehmen muss um die Kilometerzahl aufzuschreiben, ehe ich losfahren kann.

Bilderketten

Diese Vorübung des Bildermachens wird schon zu einer eigenen Lerntechnik, wenn ich sie zu einer Bilderkette ausbaue. Dazu mache ich nichts anderes als bei den bisherigen Übungen auch, außer dass ich alle Bilder miteinander verknüpfe. Das geht folgendermaßen:

Ich habe zum Beispiel 10 Worte, die ich mir merken will. Ich nehme das 1. und 2. Wort und verknüpfe sie in einem Bild, wie wir es vorher auch schon gemacht haben. Dann nehme ich das 2. und das 3. Wort und verbinde diese wiederum zu einem Bild, dann das 3. und das 4. Wort usw.

So verknüpfe ich wiederum zwei Wörter zu einem Bild, habe aber nachher eine ganze Kette von zusammenhängenden Wörtern.

Ich möchte Ihnen hierzu auch erst einmal ein Beispiel geben. Die Geschichte ist nicht besonders aufregend, aber das Ergebnis wiederum sehr verblüffend.

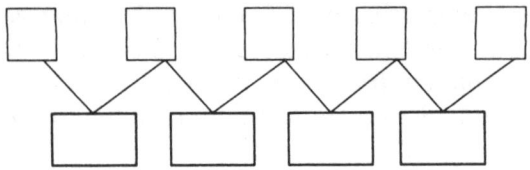

Optimal wäre es, wenn Sie jemanden haben, der Ihnen kurz die folgenden Sätze vorliest. Sie hören dann einfach zu und stellen sich alles bildlich vor Ihrem inneren Auge vor.

Wenn Sie gerade niemanden zur Hand haben und die Übung aber jetzt machen wollen, können Sie die Geschichte auch einfach lesen.

👁 Bevor Sie dann weiterlesen, machen Sie aber auf jeden Fall eine Pause und versuchen zuerst einmal, sich an die Bilder zu erinnern. Überprüfen Sie, welche Bilder und wieviele Ihnen in Erinnerung geblieben sind. Wenn Sie die Übung zu zweit gemacht haben, erzählen Sie Ihrem Vorleser anschließend, was Sie behalten haben. Erst dann lesen Sie bitte weiter.

 Geschichte

Stellen Sie sich vor, das Brandenburger Tor. Von dem Brandenburger Tor herab hängt ein alter kaputter Stiefel. Aus einem Loch des Stiefels fährt ein großes altes schwarzes Taxi heraus. Statt eines Mercedessterns hat dieses Taxi vorne auf der Kühlerhaube den Eiffelturm. Auf der Spitze des Eiffelturms turnt ein Stier. Der Stier hat auf einem Horn einen großen runden Käse mit roter Rinde aufgespießt. In dem Käse steckt eine Flasche Portwein. Diese Flasche Portwein kippt um und ergießt sich über einen dampfenden Haufen Gyros. Die-

ses Gyros wird von dem Männeken Piss aufgegessen. Das Männeken Piss geht dann auf eine schöne blonde Meerjungfrau zu, bleibt aber jäh stehen, da die Meerjungfrau eine Bombe wirft. Die Bombe bleibt an einer Antenne hängen.

So, wiederholen Sie nun zuerst, was Sie von dieser merkwürdigen Geschichte behalten haben.

Wissen Sie, was Sie da eben (wahrscheinlich ohne es zu merken) gelernt haben?
 Sie haben die (nicht mehr ganz aktuelle Liste der) EG-Länder gelernt und zwar in der Reihenfolge ihres Bevölkerungsanteils. Und das Ganze in wenigen Minuten.

Ich finde es ein sehr schönes Beispiel, das zeigt, wie man trockene Fakten sehr schnell lernen kann, indem man sie einfach in konkrete Bilder verwandelt.
 In diesem Fall waren es eben Symbole oder Wahrzeichen der verschiedenen Länder (die man in dem Fall natürlich kennen muss), aber Sie können sich sicher vorstellen, wie lange Schüler normalerweise lernen würden, wenn man Ihnen sagt: nun lernt mal die EG Länder in der Reihenfolge des Bevölkerungsanteils.

Hier noch einmal die Bilder und die Länder:

Brandenburger Tor – Deutschland / Stiefel – Italien
Schwarzes Taxi – England / Eiffelturm – Frankreich
Stier – Spanien / Käse – Holland
Portwein – Portugal / Gyros – Griechenland
Männeken Piss – Belgien / Meerjungfrau – Dänemark
Bombe – Irland / Antenne – Luxemburg

Üben Sie nun selber und erstellen Sie eine **Bilderkette** mit folgenden Wörtern:

Tannenbaum – Luftschlange – Traktor – Tonne – Straße – Negerküsse – Sonne – Bach – Haus – Clown – Buch – Kopf – Liegestuhl – Kran – Gemüsegeschäft.

Verbinden Sie diese 15 Wörter mit inneren Bildern zu einer Bilderkette.

Wiederholen Sie sie dann innerlich und probieren Sie, ob Sie sich die Worte auf diese Art merken konnten. Wenn es irgendwo eine Lücke gab, überprüfen Sie wieder Ihr Bild, das Sie sich dazu gemacht haben. War es eindrucksvoll und ungewöhnlich genug? Vielleicht denken Sie sich ein anderes Bild aus.

Schauen Sie sich erst danach mein Beispiel an:

Sie klettern in einen *Tannenbaum* und wickeln *Luftschlangen* drumherum. An eine *Luftschlange* hängen Sie einen *Traktor*. Der *Traktor* ist natürlich viel zu schwer, deshalb reißt die Befestigung und der Traktor fällt in eine *Tonne*, die unter der Tanne steht. Die *Tonne* rollt auf die *Straße*. Auf der *Straße* liegen ganz viele *Negerküsse*. Die *Negerküsse* sind alle geschmolzen, da die *Sonne* heftig scheint. Die in der *Sonne* geschmolzenen Reste rutschen in einen *Bach*, der am Straßenrand entlangfließt. Der *Bach* stoppt aber plötzlich vor einem *Haus*. Auf dem *Haus* turnt ein *Clown* herum. Der *Clown* schwenkt in einer Hand ein großes goldenes *Buch*. Das *Buch* fällt Ihnen auf den *Kopf*, weshalb Sie erstmal mit schmerzendem *Kopf* in einen *Liegestuhl* sinken. Da spüren Sie, wie der *Liegestuhl* von einem *Kran* hochgehoben wird. Der *Kran* fährt mit Ihnen weiter und lädt Sie in einem *Gemüse-*

geschäft ab. (Und jetzt haben Sie wahrscheinlich genug von diesem Abenteuer und essen eine Möhre ...)

Zusammenfassung

Die meisten Lerntechniken und Gedächtnistricks beruhen darauf, dass man sich innere Bilder macht und das, was man behalten möchte, visualisiert. Diese inneren Bilder sollten möglichst ungewöhnlich sein, damit sie wirklich lange im Gedächtnis bleiben. Dazu ist es hilfreich, alltägliche Dinge zu verfremden und möglichst viele Sinne in das Bild miteinzubeziehen.

Für die verschiedenen Lerntechniken brauchen Sie die Grundtechnik, zwei Worte zu einem Merkbild miteinander zu verknüpfen. Dieses Merkbild sollte ungewöhnlich, auffällig, witzig oder eindringlich sein.

Dieses Verknüpfen von zwei Wörtern bzw. Bildern brauchen Sie bei den später vorgestellten Lerntechniken wie Bilderlisten, Loci-Methode und Klang-Assoziation. Es ist daher wichtig, sich zuerst diese Grundlagen anzueignen und zu trainieren.

Sie können innere Bilder nutzen, um sich im Alltag Dinge zu merken, die Sie nicht vergessen wollen, weil Sie es später noch erledigen müssen oder jemandem etwas erzählen wollen.

Mit einer **Bilderkette** können Sie Informationen oder Wortlisten miteinander verbinden, die Sie in einem Zusammenhang lernen wollen.

Bilderlisten

Mit der Methode der Bilderliste können Sie sich einzelne Wortlisten, Handlungsabläufe, Arbeitsschritte und alles mögliche andere merken. Ich werde Ihnen verschiedene Anwendungsbeispiele zeigen, damit Sie sehen, wie diese Technik sowohl im Alltag als auch im Beruf brauchbar ist.

Sie können dazu eine der Listen nehmen, die ich Ihnen hier vorstelle, Sie können sich aber auch Ihre eigene Bilderliste machen. Um diese Technik erst einmal kennen zu lernen, sollten Sie sich zuerst aber auf eine Liste beschränken, mit der Sie üben.
Wenn Sie dann später in kurzer Zeit sehr viele Dinge hintereinander auswendig lernen müssen, kann es nützlich sein, verschiedene Listen zur Auswahl zu haben.

Die Grundtechnik ist Ihnen schon vertraut, denn auch hier geht es wieder darum, zwei Bilder zu einem Bild zu verknüpfen. Der Unterschied zu unseren vorherigen Übungen ist der, dass hier die eine Seite der Bilder fest vorgegeben ist. Sie haben Bilder oder Symbole, die den Zahlen von 1–10 zugeordnet sind.

Diese Bilderliste lernen Sie als erstes auswendig. Da die Bilder den Ziffern der Zahlen ähnlich sind, wird es Ihnen leicht fallen, sich diese Bilderreihe zu merken. Diese Bilder sind nun Gedächtnishaken, an die Sie jeweils neue Informationen knüpfen.
Stellen Sie sich eine Kleiderstange vor, an der zehn Kleiderhaken fest angeschweißt sind. Das sind die Bilder der Bilderliste.
Daran hängen Sie jetzt jeweils die neuen Kleider, die

Sie eingekauft haben, sprich die Informationen, die Sie lernen wollen. Durch die konkreten Beispiele weiter unten wird Ihnen schnell deutlich werden, wie das gemeint ist.

Schauen Sie sich als erstes die Bilderliste an und prägen Sie sich die Bilder mit den dazugehörigen Zahlen ein.

Kontrollieren Sie sich selbst, ob Sie die Bilder schon im Kopf haben. Fragen Sie sich einfach ab, indem Sie an eine Zahl zwischen 1 und 10 denken und

Bleistift-Bilderliste

1 Bleistift

2 Türme des Kölner Doms

3 Dreizack (von Neptun oder Shiva)

4 Stuhl mit 4 Beinen

5 Fünfarmiger Kerzenleuchter

6 Schlange

7 Sense

8 Unendlichkeit(szeichen)

9 Luftballon

10 Zehn kleine Negerlein

dann überprüfen, ob Ihnen das entsprechende Bild einfällt. Wenn nicht, schauen Sie noch einmal auf der Liste nach.

Wenn die Liste sitzt, können Sie zum nächsten Schritt übergehen.

✍ Schreiben Sie nun **10 Dinge auf, die Sie demnächst erledigen müssen oder wollen**. Es ist gleich, aus welchem Bereich diese Tätigkeiten sind, ob Haushalt, Familie, Beruf oder Freizeit. Sie können sie auch mischen. Schreiben Sie die Zahlen von 1–10 davor.
Falls es dabei eine zeitliche Abfolge gibt, die Sie einhalten wollen, dann schreiben Sie es entsprechend auf. Also das, was sie als erstes erledigen wollen, schreiben Sie an erster Stelle.
Vielleicht ist es aber gleichgültig, wann Sie was machen und es geht Ihnen nur darum, sich die Dinge alle zu merken. Dann schreiben Sie es in beliebiger Reihenfolge auf.
Es geht jetzt auch nicht darum, dass Sie nur ganz bedeutsame Dinge aufschreiben, sondern hauptsächlich darum, diese Technik erst einmal zu lernen und auszuprobieren. Sie können daher auch ganz banale Dinge aufschreiben wie einen Tagesablauf. Natürlich könnten Sie sich das auch so merken, aber wie gesagt, jetzt geht's ja erst mal nur ums Üben der Technik.

Ich nehme beim ersten Beispiel ganz einfache Tätigkeiten, in einem späteren Beispiel wird es dann komplizierter.

Bevor Sie mit Ihrer Tätigkeitsliste weiterarbeiten, können Sie sich mein Beispiel anschauen. Wenn Sie aber gerne vorher Ihre persönliche Liste lernen wollen, dann lesen Sie das Beispiel später.

Beispiele aus dem Alltag

Erledigungen

Hier ein Beispiel für eine solche Liste:
1. Zum Reisebüro gehen
2. Flug buchen
3. Einkaufen
4. Post erledigen
5. Essen kochen
6. Abwaschen
7. Meine Mutter anrufen
8. Zeitung lesen
9. Buch weiterschreiben
10. Ins Bett gehen

Jetzt kommt der nächste Schritt. Sie nehmen das Bild, das zur 1 gehört, den Bleistift und verbinden dies mit dem Wort oder der Tätigkeit, die Sie in Ihrer Liste unter 1 stehen haben. Das wäre in meinem Fall:

 1. Bleistift – Zum Reisebüro gehen
Ich sehe mich über die Hauptstraße gehen, dabei trage ich einen überdimensionalen riesigen Bleistift vor mir her, mit dem ich mir die Informationen im Reisebüro aufschreiben will.

2. Kölner Dom – Flug buchen
Dass der Köln-Bonner Flughafen überlastet ist, wird mein Flug von den Spitzen des Kölner Doms aus gestartet!

3. Dreizack – Einkaufen
Ich sehe mich durch die Gänge des Supermarktes gehen, wo ich all das, was ich einkaufen möchte, mit einem Dreizack aufspieße und in den Einkaufskorb befördere.

4. Stuhl – Post erledigen
(Das ist ein Beispiel, was zu alltäglich ist, wenn ich die beiden Bilder einfach miteinander verknüpfe, denn ich sitze meistens auf einem Stuhl, wenn ich Post lese oder beantworte. Also muss ich wieder etwas „Verrücktes" konstruieren.)

Ich sitze unter dem Stuhl, den ich auf dem Kopf balanciere, während ich in dieser unbequemen Haltung die Post durchsehe. Die zu beantwortende Post lege ich auf den Stuhlsitz und muss aufpassen, dass sie bei dem schwankenden Stuhl nicht herunterfällt.

5. Kerzenleuchter – Essen kochen
Ich zünde die 5 Kerzen in dem Kerzenleuchter an und versuche darüber mein Essen zu kochen ...

(Es wäre nicht ungewöhnlich genug, mir einen festlich gedeckten Esstisch mit einem Kerzenleuchter vorzustellen. Außerdem will ich mir ja nicht „essen" merken, sondern „Essen kochen".)

6. Schlange – Abwaschen
Das ist nun die Abenteuer-Nummer: Während ich das Geschirr abwasche, sehe ich plötzlich eine Schlange im Spülwasser ...

7. Sense – Meine Mutter anrufen
Mit der Spitze der Sense versuche ich, die Telefonnummer zu wählen und zerkratze die ganze Tastatur dabei und denke dabei: „Wenn das meine Mutter sehen würde!"

8. Unendlichkeitszeichen – Zeitung lesen
Während ich die Zeitung lese, versinke ich völlig in der Lektüre, so dass ich alles um mich herum vergesse und in einem Gefühl von Unendlichkeit schwebe.

Wem das zu esoterisch angehaucht erscheint, kann

sich auch einfach vorstellen, dass er unendlich lange Zeitung liest und viele wichtige Dinge darüber vergisst.

(Wenn Ihnen das tatsächlich öfter passiert, ist es vielleicht zu realistisch? Aber dafür ist es mit Erinnerung und (unangenehmen) Gefühlen verbunden.)

9. Luftballon – Buch weiterschreiben
Ich sitze am Computer, dessen Bildschirm aussieht wie ein Luftballon.

Oder: Ich habe Luftballons an meinem Computer befestigt, um meinen Arbeitsplatz etwas bunter zu gestalten. Auf den Luftballons sind Bücher gemalt und jedes Mal, wenn ich ein Kapitel fertig geschrieben habe, picke ich mit der Nadel in einen Ballon, dass er zerplatzt. So sehe ich an der Menge der Ballons, wieviel ich noch zu schreiben habe.

(Sie sehen, mir macht dieses „Herumspinnen" großen Spaß.)

10. Zehn kleine Negerlein – Ins Bett gehen
Ja, in meinem Bett liegen also schon zehn kleine Negerlein und ich quetsche mich dazu, und Sie können sich vorstellen, was das für eine Nacht wird ...

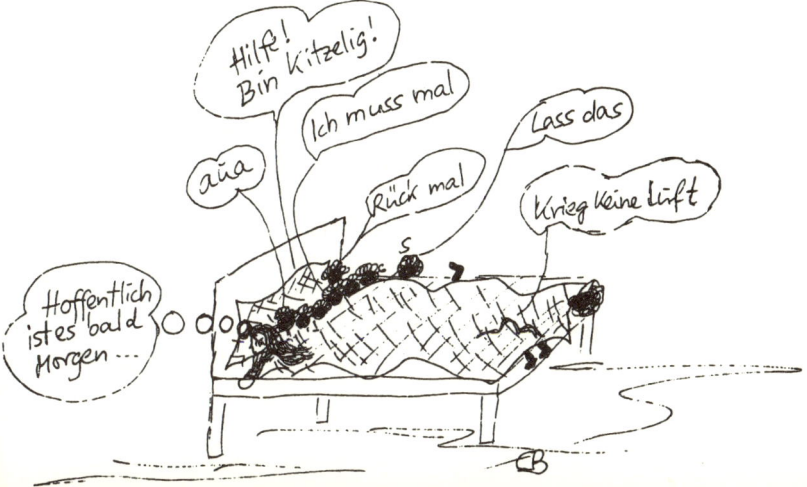

Nehmen Sie nun Ihre Liste mit den Erledigungen vor und lernen Sie sie anhand der Bilderliste auswendig. Verknüpfen Sie Ihre Erledigungen und Tätigkeiten mit den Bildern der Liste, so wie Sie es in meinem Beispiel sehen konnten.

Ihre 1. Tätigkeit verbinden Sie mit dem Bild eines Bleistifts, die 2. Erledigung mit dem Kölner Dom usw.

Das Ganze spielt sich nur in Ihrem Kopf ab, Sie brauchen nichts aufzuschreiben.

Wenn Sie Ihre Liste gelernt haben, testen Sie sich selbst auf folgende Weise. Sie gehen von 1–10 vor. Bei 1 fällt Ihnen als erstes der Bleistift ein und damit zusammen Ihre 1. Tätigkeit. Bei 2 wissen Sie Kölner Dom und damit haben Sie ihre 2. Erledigung verknüpft usw.

Sie können als Test auch die Zahlenreihenfolge durcheinander abfragen. Beginnen Sie mit 3 – das war der Dreizack ... ach ja, da wollten Sie ... tun.

Das ist im Übrigen ein **Vorteil** der Bilderlisten gegenüber der Bilderkette. Ich muss nicht immer die ganze Liste in der Reihenfolge abrufen, um zu erinnern, was ich mir unter 6 oder 7 merken wollte. Ich kann die einzelnen Punkte unabhängig voneinander abrufen.

Bei der Bilderkette muss ich mit dem ersten Bild beginnen und alle der Reihe nach durchgehen.

Was für Sie sinnvoller ist, hängt von Ihrem Lerninhalt ab und wozu Sie etwas lernen. Wenn Sie bestimmte Arbeitsschritte an einer Maschine lernen, ist die Reihenfolge sehr wichtig und Sie brauchen nicht isoliert den 5. Schritt zu wissen.

Es kann aber auch Prüfungsthemen geben, wo Sie kunterbunt gefragt werden oder sich an jeder beliebigen Stelle Ihrer Liste einklinken müssen. Dann sind Bilderlisten hilfreicher.

Weitere Bilderlisten

Ich möchte Ihnen noch eine andere Bilderliste als Beispiel geben. Es ist sinnvoll, mehrere solcher Listen zur Verfügung zu haben, wenn Sie in kurzer Zeit viel und Ähnliches lernen müssen. Dann sollten Sie unterschiedliche Bilderlisten zum Lernen benutzen, damit Sie nicht durcheinander kommen mit ihren Bildern.

Kerzen-Liste

1 Kerze

2 Schwan

3 Pyramide

4 Koffer

5 Hand

6 Elefant

7 Flagge

8 Sanduhr

9 Golfschläger

10 Geldschein

Nach Vera F. Birkenbihl: Stroh im Kopf

Wenn Sie aber nicht in solch einer extremen Prüfungssituation sind, sondern nur hin und wieder etwas damit lernen wollen, können Sie ruhig immer wieder Ihre Lieblings-Bilderliste anwenden. Da gibt es dann keine Überschneidungen in Ihrem Gehirn, zumal wenn die Inhalte unterschiedlich sind.

Andere Verwendungsmöglichkeiten im Alltag

Selbst wenn Sie keine bestimmten Listen auswendig lernen müssen und Ihre Einkäufe nach wie vor lieber auf einen Zettel schreiben, gibt es immer wieder Situationen im Alltag, in denen eine solche Technik nützlich sein kann.

Es passiert oft, dass man gerade unterwegs ist, in der Bahn, im Auto oder auf der Straße und es fällt einem plötzlich etwas ein:
„Da muss ich heute Abend dran denken" oder „Das und das will ich dann noch erledigen". Gerade dann haben Sie aber nichts zu schreiben bei der Hand. Sie können sich dann im Geiste schnell diese Dinge an die Bilderliste hängen und sich noch ein deutliches Bild von der Situation machen, in der Sie daran denken möchten. So fällt Ihnen abends dann zuerst ein: „Ach, ich wollte doch an etwas denken. Was war das noch?" und gehen dann im Geiste die Bilderliste durch.

Ich hatte einmal einen Arm gebrochen und war zuerst bei einem Arzt in Behandlung, der so dem klassischen negativen Klischee von selbstherrlichen autoritären Ärzten entsprach. Das bedeutete, dass er kurz durch den Raum rauschte, mir kurz deprimierende Auskünfte gab und mich mit vielen Fragen und Befürchtungen zurückließ. Also eine klassische Stresssituation, wo mir so schnell dann gerade das Wichtigste nicht einfällt. Und ich wäre mir blöd vorgekommen, mit einem Spickzettel in der Hand hinter ihm herzulaufen und meine Fragen an ihn zu richten.

So habe ich mir mit der Bilderliste im Wartezimmer die 5 wichtigsten Fragen gemerkt und konnte sie dann frei beweglich an den Mann bringen. (Im übrigen habe ich dann den Arzt gewechselt).

Beispiele aus verschiedenen Bereichen

Nährstoffe

 Folgende Begriffe sollen gelernt werden:

Kohlenhydrate – Fette – Eiweißstoffe – Vitamine – Mineralstoffe – Wasser

1. Kerze – Kohlenhydrate
Ich sehe mich im Keller mit einer Kerze auf einem Haufen Kohlen sitzen.

2. Schwan – Fette
Ein Schwan frisst einen Berg von Butter in sich hinein oder säuft einen riesigen Eimer voll Öl aus.

3. Pyramide – Eiweißstoffe
Im Supermarkt hat jemand eine Pyramide aus Eiern aufgebaut und ich habe Angst, dass jemand daran schubst und alle davon rollen und kaputt gehen.

4. Koffer – Vitamine
Ich zerre einen riesigen schweren Koffer hinter mir her, der aufplatzt und aus dem Apfelsinen, Äpfel usw. quel-

len und auf die Straße rollen und ich rufe: „All die guten Vitamine!"

5. Hand – Mineralstoffe
In der Hand trage ich ganz viele Flaschen Mineralwasser, ein Teil des Mineralwassers läuft über meine Hand und verwandelt sich in Stoffe.

6. Elefant – Wasser
Ich sehe einen Elefant in meiner Wohnung oder auf meiner Terasse, der seinen Rüssel immer wieder in einen Eimer Wasser taucht und sich das Wasser dann über den Körper spritzt.

Sie können an diesen Beispielen sehen, dass es nicht unbedingt immer nötig ist, das ganz exakte Wort in dem Bild zu sehen. Sie sollen sich zum Beispiel den Begriff „Mineralstoffe" merken und in dem Bild habe ich „Mineralwasser" verwendet. Das reicht aber als Eselsbrücke aus, um Sie an den Begriff zu erinnern. In diesem konkreten Fall enthält es sogar schon den nächsten Begriff „Wasser" – aber das ist nur ein Zufall.

Dass Elefanten sich mit Wasser besprühen, entspricht durchaus der Realität, wie Sie wissen, wenn Sie sich mal einen Naturfilm über Afrika angesehen haben. Aber er tut es normalerweise nicht in Ihrem Wohnzimmer – und daher ist es schon wieder ein entfremdetes Bild und gut zu merken.

Bei den bisherigen Beispielen ging es entweder um Alltagstermine, Erledigungen oder Arbeitsabläufe. Sie können das sicher ohne große Mühe auf andere Abläufe übertragen.

Seien es Arbeitsabläufe, Schemata, Tabellen oder

Listen (wie ein bestimmtes Gerät montiert wird, ein Schrank gebaut wird oder das Kalkulationsschema).

Heilpraktiker-Prüfung

In meiner Lernberatung sind öfter Kandidaten für die Heilpraktiker-Prüfung. Daraus möchte ich auch ein Beispiel bringen, wie man mit der Bilderliste lernen kann. Zuerst sehen Sie die Auflistung der Faktoren, die gelernt werden müssen, anschließend die Verknüpfung mit der Bilderliste.

Faktoren, die einen Harnweginfekt fördern

1. Abwehrschwäche
2. Immunsuppressive Therapie
3. Durchnässung, Unterkühlung
4. Kalte Füße (vermindert die Durchblutung der Blase)
5. Sexuelle Aktivität
6. Zu wenig trinken (ungenügende Ausschwemmung)
7. Stoffwechselstörungen, z. B. Diabetes, Gichtkrankheit
8. Harnabflusshindernisse (Steine, Tumore)
9. Prostataerkrankung
10. Analgetikaabusus (Schmerzmittelmissbrauch)

 Kerzen-Bilderliste und Faktoren verknüpft

1. Kerze – Abwehrschwäche
Ich mache Karate (als Abwehr-Sport), wobei ich auf jeder Hand und auf jedem Fuß eine brennende Kerze habe, die nicht ausgehen darf und deren heißer Wachs heruntertropft.

2. Schwan – Immunsuppressive Therapie (wird z. B. mit Cortison behandelt, das schwächt das Abwehrsystem)
Ein Schwan, der eine Cortison-Spritze erhält.

3. Pyramide – Durchnässung, Unterkühlung
Ich steige hinunter in eine Pyramide, in der es sehr kalt ist und Wasser von den Wänden tropft und ich sehr friere.

4. Koffer – Kalte Füße
Da ich ständig kalte Füße habe, stecke ich sie in einen Koffer (der unter meinem Schreibtisch steht), der mir als Wärme-Muff dient.

5. Hand – Sexuelle Aktivität
Dazu können Sie sich ein eigenes Bild basteln …

6. Elefant – Zu wenig trinken
Ich rede ernsthaft mit meinem Elefanten, dass er mehr trinken muss und halte seinen Rüssel immer in einen Eimer Wasser.

7. Flagge – Stoffwechselstörungen
Da ich zuckerkrank bin, wird jedes Mal rechtzeitig eine Flagge gehisst, wenn ich wieder etwas essen muss, damit ich es nicht vergesse.

8. Sanduhr – Harnabflusshindernisse
Die Sanduhr ist an ihrer schmalsten Stelle von einem Stein verstopft, so dass der Sand nicht mehr durchrieseln kann.

9. Golfschläger – Prostataerkrankung
Da fallen mir nur schmerzhafte unangenehme Bilder ein.

10. Geldschein – **Analgetikaabusus** (Schmerzmittelmissbrauch)
Jemand gibt viel Geld für zu viele Schmerzmittel aus.

Bilderlisten bei abstrakteren Themen

Beispiel: Therapie-Modelle

Ich möchte Ihnen jetzt ein Beispiel zeigen, wie man mit dieser Methode nicht nur einfache Abläufe oder Listen auswendig lernen kann, sondern auch komplizietere und abstraktere Themen. Dazu möchte ich wieder ein konkretes Beispiel von mir nehmen, das mir sehr geholfen hat bei der Vorbereitung auf die Abschlussprüfung meiner Ausbildungen zum NLP-Practitioner und zur Beraterin für Positives Denken.

Zuerst stelle ich Ihnen das Modell vor und zeige dann, wie ich es mit der Bilderliste gelernt habe.

Auch wenn Sie NLP oder Ähnliches nicht kennen, werden Sie trotzdem daraus ersehen können, wie es funktioniert – und darauf kommt es vor allem an.

Die folgende Methode wird eingesetzt bei inneren Konflikten, wo man einerseits etwas will und andererseits doch immer ein Teil dagegen arbeitet. Typische Themen hierfür sind: mit dem Rauchen aufhören, weniger essen, den Chef um Gehaltserhöhung bitten, eine nette Frau ansprechen usw.

Es sind also entweder Dinge, wo man sich etwas nicht getraut oder es nicht schafft, einen Willensentschluss umzusetzen. (Darüber hatten wir schon einmal im Kapitel „Gehirnhälften" gesprochen).

Die Methode heißt: „Mit dem Unterbewusstsein verhandeln" nach V. Pfeiffer und ich werde sie an dem Beispiel: „Sich trauen, in Gruppen zu sprechen" demonstrieren. Das heißt der Konflikt besteht darin, dass Peter einerseits in Gruppen sprechen möchte, andererseits jedes Mal, wenn er anhebt zu sprechen, von seinen inneren Gedanken gestoppt wird und sich dann doch nicht traut.

Methode: Mit dem Unterbewusstsein verhandeln

1. Augen schließen.

2. **Situation vorstellen, in der das Problem auftaucht** (Peter sitzt in einer Besprechung und möchte etwas sagen) und zuhören, welcher „Sabotagesatz" (negativer Gedanke) in dem Moment durch seinen Kopf geht.
   Beispiel: „Ach, lass das lieber, du blamierst dich sonst!"

3. Er soll sich nun vorstellen, dass er sich den **negativen Gedanken aus dem Kopf nehmen** kann und ihn zu einer Person machen kann.
   Fragen: Wie sieht die Person aus? Mann oder Frau? Jung oder alt? Kleidung? Dieser Person einen Namen geben.

4. Dieser personifizierte negative Gedanke ist ein **Teil des Unterbewusstseins**, der einen vor Fehlschlägen schützen will oder etwas Gutes für einen tun will, z. B. belohnen, beschützen oder trösten, aber leider auf die falsche Art. Er hat also eine **positive Absicht.**
   Was könnte die gute Absicht sein bei Peter?
   Antwort: Beschützen (vor Blamage)

5. Sich beim Unterbewusstsein **bedanken**, dass es Peter beschützen will.

6. Dem Unterbewusstsein sagen, dass es so aber nicht gut läuft. Ihm **vorschlagen**, was man lieber hören möchte und welche Worte einem *wirklich* helfen würden.

Beispiel: „Wenn du mir helfen möchtest, dann sag mir lieber in der Situation, dass ich mich trauen soll und wertvolle Beiträge liefern kann. Zum Beispiel: ‚Trau dich ruhig! Du hast doch wirklich gute Ideen, die euch weiterbringen.'"

7. Mit dem Unterbewusstsein eine **Vereinbarung** treffen, dass es eine Woche lang die neuen Botschaften ausprobiert.

8. Sein Unterbewusstsein wieder in sich hinein **integrieren**.

 Bilderliste und Methode verknüpft

1. Kerze – Sabotage-Gedanken feststellen
Bild: Die Kerze verbrennt die Absicht (in Gruppen zu sprechen) und aus der Flamme steigt der Sabotage-Gedanke auf.

2. Schwan – Gedanken aus dem Kopf herausnehmen und zu einer Person machen und ihr einen Namen geben
Bild: Der Schwan trägt ein Schild um den Hals, darauf ist eine Person gezeichnet und darunter steht „Name?"

3. Pyramide – Positive Absicht: Trost, Belohnung, Schutz?
Bild: Ich klettere in eine Pyramide und finde dort entweder eine Belohnung (einen alten Schatz) oder ich finde dort Schutz (ich verstecke mich).

4. Koffer – beim Unterbewusstsein bedanken
Bild: Ich trage einen Koffer voller Geschenke zum Unterbewusstsein, um mich so bei ihm zu bedanken.

5. Hand – Welche Worte würden dir wirklich helfen?
Auf der Handinnenseite ist in roter Leuchtfarbe der unterstützende Satz geschrieben: „Trau dich!"

6. Elefant – Dem Unterbewusstsein den neuen unterstützenden Satz vorschlagen und fragen, ob es einverstanden ist.
Bild: Ich reite mit dem Elefanten zu dem personifizierten Unterbewusstsein und der Elefant trötet den neuen Satz und fragt: O.K.?

7. Flagge – Die Vereinbarung mit Handschlag besiegeln
Bild: Bei Vertragsunterzeichnung werden Flaggen gehisst und geschwenkt.

8. Sanduhr – Person wieder integrieren
Bild: Ich sehe wie diese „Person" durch ein Sanduhr mit dem Sand zusammen in mich hineinflutscht – wie mit einem Nürnberger Trichter.

Zusammenfassung

Bilderlisten sind eine Weiterführung der Grundtechnik des Bildermachens und miteinander Verknüpfens. Sie können damit Wortlisten, aber auch komplexere Zusammenhänge, Abläufe, Arbeitsschritte, Therapiemodelle u. a. lernen.

Die Bilderlisten sind Gedächtnishaken, die Sie fest installieren und an die Sie jeweils neue Informationen und Lerninhalte hängen können.

Sie können sie auch im Alltag nutzen, um sich unterwegs innerlich Notizen zu machen, statt einen Knoten ins Taschentuch zu knüpfen.

In diesem Buch haben sie verschiedene Bilderlisten kennen gelernt, die Kerzen-Liste und die Bleistift-Liste, im nächsten Kapitel kommt noch die Loci-Methode hinzu.
Sie können sich aber auch selber solche Listen konstruieren mit Reimwörtern, Sternzeichen oder was auch immer Ihnen einfällt.

Loci Methode

Dies ist eine sehr alte Methode, die schon von den alten Griechen und Römern benutzt wurde, um sich Stichpunkte ihrer Reden zu merken. Daher stammt auch der Name der Methode, denn „Locus" ist Latein und bedeutet „der Ort". Loci ist die Mehrzahl und bedeutet demnach „die Orte".

Diese Methode ist der Bilderlisten-Methode sehr ähnlich. Nur gibt es hier keine vorgefertigte Bilderliste, sondern Sie machen sich Ihre ganz persönliche Liste. Statt sich Symbole für die Zahlen auszudenken, wählen Sie diesmal Orte oder Plätze.

Sie stellen sich einen Gang durch Ihre Wohnung vor oder den Weg zur Arbeit oder zum Kindergarten. Es sollte ein Weg sein, der Ihnen völlig vertraut ist, da Sie ihn jeden Tag abgehen oder abfahren. Sie merken sich dann zehn markante Plätze in der Reihenfolge, wie Sie dort vorbeikommen. Diese Plätze oder Stellen sollten möglichst unterschiedlich sein, also nicht drei

Straßenkreuzungen oder Ampeln, da diese als inneres Bild zu ähnlich sind.

Diese zehn Stellen oder Plätze schreiben Sie sich dann nachher auf. Vorher will ich Ihnen aber ein Beispiel geben.

1. Beispiel einer Loci-Liste: Meine (frühere) Wohnung

Wenn Sie Ihre Wohnung nehmen, sollten Sie die Plätze in der Reihenfolge aufschreiben, wie Sie durch die Wohnung gehen und die Zimmer und Plätze hintereinander liegen.

1. Diele	6. Keller
2. Küche	7. Telefonecke
3. Arbeitszimmer	8. Wohnzimmer
4. Schlafzimmer	9. Terrasse
5. Bad	10. Wiese

Da wahrscheinlich die wenigsten von uns zehn Zimmer haben, können Sie auch den Flur, die Haustür, das Sofa oder die Fernsehecke nehmen. In meinem Beispiel bin ich auch aus der Wohnung herausgegangen und habe die Terrasse und den Garten noch miteinbezogen.

Ich kann auch den Weg zum Einkaufen ins nächste Dorf nehmen. Da ich manchmal mehr als zehn Punkte lernen möchte, habe ich diese Liste bis 20 verlängert und vom Dorf die Zugfahrt nach Köln mit drangehängt. Sie sehen, dass Sie da beliebig variieren können.

1. **Schreiben Sie Ihre Loci-Liste auf** und schreiben Sie auch die Zahlen davor. Überprüfen Sie dann noch einmal, ob die Reihenfolge stimmt und danach, ob Sie die einzelnen Plätze auswendig in der richtigen Rei-

henfolge erinnern können. Das dürfte aber kein Problem sein, wenn Sie einen wirklich vertrauten Weg gewählt haben.

2. Schreiben Sie nun mindestens **10 Worte** untereinander und numerieren Sie diese auch von 1–10 durch. Es sollte eine Mischung verschiedener Wortarten sein, Substantive (Hauptwörter), Adjektive (Eigenschaftswörter) und Verben (Tätigkeitswörter), konkrete und abstrakte Begriffe. Sie sollten in keinem Zusammenhang stehen. Einfach irgendwelche Worte aufschreiben.

Wenn Sie das gemacht haben, können Sie den 3. Schritt vornehmen – und der ist Ihnen im Grunde schon bekannt.

3. Sie nehmen Ihren 1. Ort (in meinem Fall die Diele) als das eine Bild und nehmen dann das 1. Wort Ihrer Wörterliste als das andere Bild und **verknüpfen** diese wieder zu einem ungewöhnlichen Gesamtbild, Ihrem Merkbild.

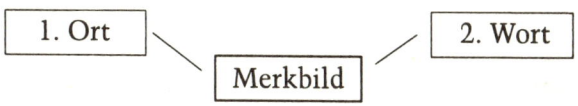

Wörter mit Loci-Methode lernen

Ich gebe Ihnen hierfür wieder ein Beispiel. Meine Loci-Liste kennen Sie schon, hier ist meine Wörterliste.

1. **Kamel**
2. **tanzen**
3. **Ohrenschützer**
4. **Freiheit**
5. **laufen**
6. **gemütlich**
7. **Vogelfedern**
8. **Entspannung**
9. **Blume**
10. **lachen**

Nun verknüpfe ich diese Wörter mit meiner Loci-Liste:

1. Diele – Kamel
Ich betrete meine Diele und stehe einem leibhaftigen Kamel gegenüber, was mich sehr freut, denn ich liebe Kamele und habe bislang nur eine Sammlung kleiner Holz- und Steinkamele im Flur stehen.

2. Küche – tanzen
Vor Freude beginne ich in der Küche zu tanzen und zwar auf dem Tisch und dem Herd, da sonst nicht viel Platz ist.

3. Arbeitszimmer – Ohrenschützer
In meinem Arbeitszimmer ist die Heizung kaputt, so dass ich mit dicken rosa Ohrenschützern vor meinem Computer sitze und gar nicht mehr höre, wenn das Telefon klingelt.
  (Ich nehme die Farbe rosa, weil ich sie für mich ziemlich scheußlich finde und nie tragen würde – daher ist das für mich ein auffälliges Bild.)

4. Schlafzimmer – Freiheit
Diesmal liegt die Freiheitsstatue in meinem Bett (Sie erinnern sich, bei der Bilderliste vorher waren es die 10 kleinen Negerlein ...), das ist sehr hart und sehr kalt und überhaupt bleibt wieder nicht viel Platz für mich zum schlafen.

5. Bad – laufen
Da ich seit langem was für meine Kondition tun will, laufe und jogge ich jeden Morgen auf dem Rand meiner Badewanne.

6. Keller – gemütlich
Das passt nun überhaupt nicht, denn mein Keller ist winzig, vollgestopft und ungemütlich. Deshalb mache ich mich also ans Werk, miste aus, hänge Bilder an die Wand und stelle Stoffblumen rein (ohne Licht halten richtige Blumen es sicher nicht lange aus), lege bunte Decken über die Kartons und Autoreifen und mache es so richtig nett und gemütlich.

7. Telefonecke – Vogelfedern
Irgendein Scherzbold hat mein Telefon und das Tischchen voll mit Vogelfedern beklebt. Wenn ich telefoniere, kitzeln die Vogelfedern in meinem Ohr.

8. Wohnzimmer – Entspannung
(Hier muss ich wieder was Besonderes basteln, da ich mich im Wohnzimmer ja tatsächlich oft entspanne.)

Ich betrete also mein Wohnzimmer und da hängt quer durch den Raum eine riesige Hängematte (für mich **das** Symbol für Entspannung) und aus den Lautsprechern ertönt entspannende Säuselmusik und eine Stimme, die immer sagt: „Ent-spannung, Ent-spannung."

9. Terrasse – Blume
(Auch das ist nichts Ungewöhnliches, da ich dort Blumentöpfe mit Blumen stehen habe.)

Ich stelle mir vor, wie ich morgens aus dem Haus komme und da steht ein großer Strauß Sonnenblumen in einer schönen Vase direkt vor meiner Tür, die mir jemand als Überraschung hingestellt hat. Ich freue mich natürlich riesig.

(Sie erinnern sich: eine Möglichkeit war, Gefühle in ein Bild hineinzunehmen.)

10. Wiese – lachen
Ich sehe mich, wie ich über die Wiese rolle und mich wälze vor lachen.

Genauso wie die anderen Bilderlisten lässt sich auch die Loci-Methode nicht nur dafür einsetzen, wenn man einzelne Wörter auswendig lernt. Sie können damit ebenso **Handlungen, Arbeitsabläufe, Arbeitsschritte** und vieles andere mehr lernen.
Wie bei den anderen Bilderlisten wird auch hier eine Reihenfolge mitgelernt, was manchmal sehr wichtig ist.

Welche der Methoden Ihnen nun besser gefällt oder zu welchen Themenbereichen Sie welche Liste anwenden, müssen Sie selbst entscheiden. Dafür gibt es keine bestimmte Regel. Bei vielen Themen habe ich festgestellt, dass es mit beiden Methoden gleich gut geht. Manchmal entscheide ich mich intuitiv bei einem Thema für eine bestimmte Methode.
Bei der Loci-Liste geschieht es häufiger, dass so etwas wie eine zusammenhängende Geschichte entsteht. Das kann natürlich das Behalten erleichtern.

Wichtig wird die Auswahl mehrer Listen dann, wenn Sie sehr viel zu einem Thema in kurzer Zeit hintereinander lernen müssen. Das wird zum Beispiel vor einer Prüfung so sein: ob Sie den Führerschein oder den Heilpraktiker machen wollen oder eine Sprache lernen.
Wenn Sie dann alles mit der gleichen Bilderliste lernen, könnten Sie doch durcheinander kommen. Dann ist es gut, verschiedene Listen abzuwechseln.

Zusammenfassung

Bei der Loci-Methode stellen Sie eine Merkliste zusammen, in der sie entweder zehn Plätze in Ihrer Wohnung auflisten oder 10–20 Orte draußen, auf dem Weg zur Arbeit, zum Kindergarten oder ähnliches. Es müssen Plätze und Orte sein, die Ihnen sehr vertraut sind.

Mit Hilfe einer solchen Loci-Liste können Sie dann alles mögliche auswendig lernen: einzelne Worte, Arbeitsschritte, Regeln oder Modelle für die unterschiedlichsten Themen und Bereiche.

Oft ergibt sich durch die Reihenfolge der Plätze beim Lernen eine zusammenhängende Geschichte. Das macht es oft noch leichter, sich den Stoff zu merken und auch lustiger.

Klang-Assoziation und Eselsbrücken

Eselsbrücken benutzen wir oft in unserem Leben, teilweise ohne uns darüber bewusst zu sein. Manche begleiten uns noch von der Schulzeit her, zum Beispiel in Reimform.

Der Begriff „Eselsbrücke" ist eigentlich diskriminierend, da bei uns Esel mit dumm gleichgesetzt wird. Das würde bedeuten, dass Eselsbrücken nur etwas für Dumme sind, die eben nicht anders lernen können.

Ich würde sagen, im Gegenteil, Eselsbrücken können sich nur phantasievolle und kreative Menschen ausdenken. Und warum sollte man nicht Hilfen beim Lernen benutzen? Dieses ganze Buch hat keine andere Funktion als Ihnen zu helfen, leichter zu lernen.

Es ist sogar sehr schlau, mit Eselsbrücken zu lernen, weil es so viel schneller geht und Sie die Zeit für andere wichtige Dinge nutzen können. Zudem macht das Lernen so auch mehr Spaß.

Vokabeln und Fremdwörter lernen

Zuerst möchte ich Ihnen aber die Methode der Klang-Assoziation vorstellen. Sie ist eine Methode, mit der man Fremdwörter, Fachbegriffe und Vokabeln auswendig lernen kann. Bei den bisher vorgestellten Methoden haben Sie sich sicher schon gefragt: wie funktioniert das denn mit Englisch?

Um Fremdwörter, Fachbegriffe oder Vokabeln zu lernen, müssen wir unsere bisherige Methode des Bildermachens noch um einen Schritt erweitern. Wenn ich Ihnen zum Beispiel das Wort „mfanyi biashara" sage oder hier aufschreibe, haben Sie ganz sicher kein Bild vor Ihrem inneren Auge. Sie wissen ja auch nicht, was es bedeutet, wahrscheinlich nicht einmal, welche Sprache es überhaupt ist. Es ist Kiswahili und bedeutet „der Händler, der Kaufmann".

Sie nehmen das Fremdwort oder die Vokabel, die Sie lernen wollen und schauen, welches deutsche Wort so ähnlich klingt (daher die Bezeichnung „Klang-Assoziation"). Natürlich stimmen dann nicht alle Buchstaben überein (sonst wäre es ja das gleiche Wort), aber es soll ja auch nur eine Eselsbrücke sein, die Sie zu dem richtigen Wort führt.

Zu dieser Klang-Assoziation können Sie sich nun ein Bild machen, da es ein deutsches Wort ist, unter dem Sie sich etwas vorstellen können. Dieses Bild müssen Sie nun noch mit der Übersetzung oder Bedeutung des Fremdwortes in Verbindung bringen. Das geschieht durch das Bilder-Verknüpfen, das Ihnen ja schon bekannt ist.

 **Beispiele**

Fangen wir mit einem einfachen Wort aus dem Kiswahili an: „mlinzi" (das z wird wie ein weiches s gesprochen), das bedeutet „der Wächter". Welches deutsche Wort klingt nun ähnlich wie „mlinsi"? Richtig – Linsen! Ab hier kann ich jetzt wieder die altvertraute Methode anwenden, indem ich die zwei Bilder zusammenbringe zu einem Merkbild. Auf der einen Seite habe ich jetzt Linsen, auf der anderen Seite die Übersetzung „der Wächter".

Ich sehe also einen Wächter, der auf einer Mauer sitzt und Linsensuppe isst, sich dabei den Bauch reibt und „mmmh" sagt, weil sie so lecker ist. Denn das Wort heißt ja nicht „linsi" sondern „mlinsi".

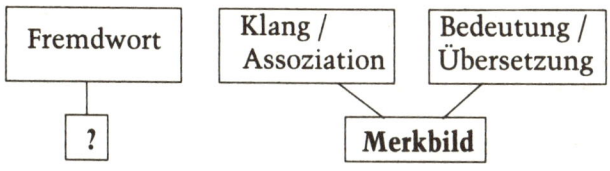

Kommen wir jetzt zu dem Beispiel, das ich eben genannt habe: „mfanyi biashara". Das ist schon etwas komplizierter. Bei längeren Wörtern kann ich sie in mehrere Bestandteile aufteilen. In diesem Fall war das bei mir „mfanyi", „bi" und „ashara". Mfanyi klingt wie Pfanni und ich denke an Pfanni-Knödel. „Bi" lässt mich an bilaterale Beziehungen denken, also an zwei und „ashara" klingt wie Asche. Die Übersetzung ist „der Kaufmann, der Händler". Und schon sehe ich einen Kaufmann, der zwei Pfanni-Knödel in Asche wälzt und sie dann auch noch verkaufen will.

Das klingt jetzt für Sie vielleicht sehr kompliziert. Ist es auch. Aber Sie benutzen diese Technik ja auch nur bei Wörtern, die Sie eben auf „normale" Weise nicht in Ihren Kopf bekommen, die eben schwierig sind. Und die Sie sonst vielleicht 10–20-mal wiederholen müssten. Da geht es mit der Klang-Assoziation doch schneller und es macht mehr Spaß, weil es kreativer ist als stures Auswendiglernen. Vor allem wird es Ihnen mit der Zeit auch leichter fallen und damit schneller gehen.

Ich möchte Ihnen nun weitere Beispiele zu dieser Methode geben. Auch wenn es mit Ihrem Fach oder der Sprache, die Sie lernen wollen, nichts zu tun hat, können Sie daraus Anregungen entnehmen. Lesen Sie also ruhig auch die fachfremden Beispiele, so können Sie sich immer mehr in diese Methode hineindenken.

Es kann auch helfen, bei der Klang-Assoziation Elemente eines Dialekts zur benutzen, denn manche Wörter aus einem Dialekt klingen dem Fremdwort oft ähnlicher als hochdeutsche.

Beispiele für Fachbegriffe und Fremdwörter aus unterschiedlichen (Berufs-) Bereichen

 Bereich Botanik:
Calistefus chinensis – Aster
– Kahl ist der Fuß, schienen is' nich', dafür blüht eine Aster auf dem Fuß.

Bereich Anatomie:
Dura mater – harte Hirnhaut
Ich schlage mir mit der Hand an die Stirn und sage: „Du rat' mal, was ich hinter der harten Hirnhaut habe!"

Thema Haut:
Corium – Lederhaut
Wir stehen im Chor (he)rum und singen was von Karl Mays „Lederhaut" (statt „Lederstrumpf").
Epidermis – Oberhaut
Bei einer Epidemie kommt das Gedärm nach oben durch die Haut.

Monitor – Bildschirm
Moni steht im Tor mit einem Bildschirm und fängt damit den Ball ab.
Mucoviszidose – Stoffwechselerkrankung, die mit Verschleimung einhergeht
Muh-Kuh Fiese sitzt in der Dose und schleimt.
Katalysator – (im Sinne von) **Umwandlung**
Kater Lisa schießt ein Tor und wandelt so den Punktestand um.
Akkusativ – der 4. Fall
Ein Akku fällt aktiv aus dem 4. Stock
Parlament
Ein paar lahme Enten sitzen in einem großen Gebäude und schnattern.
kumulieren – Stimmen häufen
Eine Kuh stimmt ein Muh an und verliert dabei einen Haufen.

Bereich Yoga (Sanskrit-Begriffe):
Asana-Haltung (ursprünglich nur die Sitzhaltung)
Ich sehe mich in der Lotos-Sitzhaltung in Sahne sitzen.
Dharana – (innere) Sammlung
Da rannte Anna zu einer (Ver-)sammlung.

Zum Abschluss noch ein Beispiel aus einem Seminar, wo wir alle dachten: „Das ist nun wirklich zu schwierig. Dazu gibt es keine Klang-Assoziation!" Doch einen Kollegen packte der Ehrgeiz und er brütete über Nacht folgendes Ergebnis aus (was dazu führte, dass ich es tatsächlich heute noch, 2 Jahre später, weiß):

Metasequoia clyptostroboides – Urwaldmammutbaum
Meta sägt euer Glück zu Stroh, soll die des?
(Und dazu hatte er eine Zeichnung gemacht, wo ein kleines Mädchen (Meta) mit Zöpfen und einer Säge in der Hand, an einem riesigen Baum sägt, auf dem ganz oft „Glück, Glück" steht.)

Bei all diesen Beispielen diente die Klang-Assoziation zum reinen Auswendiglernen des Fachbegriffs, ohne dass die Sätze und Assoziationen irgend etwas mit dem Inhalt und der Bedeutung zu tun gehabt hätten.

Bevor ich Ihnen weitere Beispiele aus anderen Bereichen gebe, sollten Sie sich erst einmal selbst an diese Übung heranwagen.
  Selbst wenn es jetzt noch nicht auf Anhieb klappt, hilft Ihnen der eigene Versuch, die Herangehensweise besser zu verstehen und damit auch die Beispiele, die ich Ihnen gebe.

1. Schreiben Sie einige Worte, Fachbegriffe oder Vokabeln auf (je nachdem, ob Sie zur Zeit eine Sprache lernen wollen oder sich beruflich fortbilden wollen), die Sie sich schwer merken können.

2. Sagen Sie den ersten Begriff laut vor sich her und schauen Sie, welches deutsche Wort so ähnlich klingt. Auch wenn viele Buchstaben des deutschen Wortes von dem Fremdwort abweichen, kann es eine Erinnerungshilfe für Sie sein. Nehmen Sie das, was Ihnen spontan einfällt. Schreiben Sie dieses deutsche Wort, das so ähnlich klingt, neben das Fremdwort oder die Vokabel.

3. Nun schreiben Sie noch die Bedeutung oder Übersetzung des Fremdwortes daneben.

4. Sie machen sich nun ein Bild zu dem deutschen „Hilfswort" (der Klang-Assoziation) und ein Bild zu der Bedeutung des Fremdworts oder der Übersetzung der Vokabel und fügen die beiden Bilder, wie Sie es schon gewohnt sind, zu einem ungewöhnlichen Bild zusammen.

5. Schreiben Sie sich auch das Bild auf, das Sie als Merkbild entwickelt haben.

Später brauchen Sie die Begriffe und Bilder nicht mehr aufzuschreiben, das empfehle ich Ihnen nur jetzt für die erste Übungsphase. Mit ein wenig Übung werden diese einzelnen Schritte immer mehr zu einem einzigen Schritt, der nur in Ihrem Kopf abläuft.

Lassen Sie sich nicht entmutigen, wenn es nicht auf Anhieb klappt. Es funktioniert auch nicht mit allen Wörtern. Wenn es gar nicht geht, versuchen Sie es mit einem anderen Wort.

Wichtig ist aber vor allem, dass Sie sich nicht selbst zensieren, indem Sie meinen, dass das Bild aber wirklich zu blöd sei oder dass die Eselsbrücke doch zu verschlungen oder verrückt sei. Nehmen Sie alles, was Ihnen hilft, sich das Wort einzuprägen. Probieren Sie es einfach aus, welche Bilder Sie gut behalten, auch für längere Zeit und welche Sie wieder vergessen. Daran merken Sie, was für Sie persönlich funktioniert und was nicht.

Noch ein Tipp: Andere Menschen können mit Ihrer Eselsbrücke vielleicht überhaupt nichts anfangen, denn es sind Ihre Assoziationen, die mit Ihrem Erfahrungshintergrund zu tun haben. Lassen Sie sich dadurch also nicht beirren.

Die Methode der Klang-Assoziation eignet sich auch besonders, um Namen zu lernen und um Vokabeln zu lernen.

Auf diese beiden Bereiche gehen wir jetzt etwas ausführlicher ein.

Namen

Dies ist ein Bereich, bei dem die meisten Menschen von sich behaupten, ein schlechtes Gedächtnis zu haben. Wie oft habe ich schon diesen Stoßseufzer gehört: „Namen kann ich mir nicht merken!"

Und damit sind wir schon bei einem ersten wesentlichen Punkt, nämlich mit welcher Einstellung ich an die Sache herangehe. Wenn ich mir selber immer wieder einrede, dass ich etwas nicht kann, werde ich damit auch „Erfolg" haben. Mein Unbewusstes glaubt es mir nämlich, wenn ich es oft genug wiederhole. (Das macht man sich ja auch im umgekehrten Fall zunutze, wenn ich z. B. mit positiven Affirmationen arbeite.)

Nun werden Sie sagen, dass Sie sich das nicht bloß einreden, sondern ja oft genug die Erfahrung gemacht haben, dass Sie sich Namen nicht merken können. Aber warum?

Das wollen wir uns etwas genauer ansehen – und es lohnt sich.

Nehmen wir als Beispiel, dass Sie zu einer Veranstaltung kommen (ob Seminar oder Party ist gleichgültig) und Sie treffen auf eine Frau, der Sie vorgestellt werden. Händeschütteln, Namen nuscheln, weitergehen.

Hier kommt die 1. Frage: Haben Sie den Namen der Person genau verstanden und bewusst aufgenommen?

Oft sprechen Menschen ihren Namen sehr schnell oder undeutlich aus oder sie haben einen ungewöhnlichen Namen, den man sich so schnell nicht vorstellen kann.

1. Lernschritt: Wenn Sie den Namen nicht richtig verstanden haben, fragen Sie nach! Niemand wird es Ihnen übel nehmen, im Gegenteil, die meisten Menschen freuen sich eher über Ihr Interesse, Ihren Namen richtig zu verstehen und zu behalten.

2. Lernschritt: Wenn Sie weiterhin mit dem Menschen im Gespräch sind, benutzen Sie dessen Namen öfter, so prägt er sich auch gut ein. Das ist noch wichtiger, wenn Sie mit jemandem telefonischen Kontakt haben und ihn nicht einmal sehen können.

Mir ist aufgefallen, dass ich Menschen sehr selten mit ihrem Namen anspreche, umgekehrt es aber sehr schön finde, wenn andere mich mit Namen ansprechen.
Wenn Sie beruflich viel telefonieren oder auch privat mit Behörden und Institutionen zu tun haben: sprechen Sie die Menschen mit Ihrem Namen an. Das erleichtert die Kommunikation und Sie behalten den Namen besser.

Nun komme ich aber zu den eigentlichen Methoden, Namen auswendig zu lernen. Ich werde Ihnen verschiedene Anregungen geben, Sie suchen sich die aus, die Ihnen am besten gefällt oder zur jeweiligen Situation am besten passt.

Auch hier ist die Grundlage natürlich wieder, innere Bilder zu erzeugen. Allerdings hängt das von dem Namen ab, welche Methode sinnvoll ist. Bei manchen Namen reicht unsere ursprüngliche Übung: sich ein möglichst auffälliges ungewöhnliches Bild zu machen, nämlich dann, wenn die Namen etwas Konkretes darstellen, wie Schneider, Müller oder Bäcker.

Beispiele für einfache Namen und innere Bilder

Nachnamen

Nehmen wir an, Sie treffen jemanden mit Namen Becker, so können Sie sich diese Person mit einer Bäckermütze auf dem Kopf vorstellen. Je nachdem, wo Sie diesen Menschen treffen, würde das ziemlich merkwürdig aussehen. Nun wird der Name aber mit „e" geschrieben. Wenn es nur darum geht, ihn richtig anzusprechen, spielt das keine Rolle. Müssen Sie den Namen aber auch schreiben, so müssen Sie sich diese Abweichung merken und in das Bild mit hineinnehmen. Vielleicht stellen Sie sich ein leuchtend rotes „e" vorne auf der Bäckermütze vor?

Wichtig ist, dass das Bild der Person mit im Bild ist, Sie sich also nicht einfach irgendeinen Bäcker vorstellen.

Bei Frau **Gärtner** sehen Sie die Dame mit einer grünen Gartenschürze und einem Gartenhut im Garten Beete harken. Herr **Müller** schleppt Mehlsäcke usw.

Herr Riemenschneider – ich sehe diesen Menschen den ganzen Tag Lederstücke in Riemen schneiden …
Frau Ortlieb – sie ist immer nur an einem ganz bestimmten Ort lieb.
Herr Rohdewald – dieser Name ist noch einfach: ich sehe diesen Herrn, wie er einen Wald rodet.
Frau Paterno – Diese Dame fährt mit einem Pater noster (das sind Aufzüge, die immer rundfahren und wo man in die Kabinen springen muss und die es leider

nur noch sehr selten gibt, z. B. in der Kölner Volkshochschule) und ruft immer an jedem Stockwerk „No", weil sie noch nicht aussteigen will (oder Werbung für ein japanisches No-Theater macht).
Herr Drobkewitz – dieser Herr trinkt keinen „Droppen" (das ist Kölsch und heißt Tropfen) und macht trotzdem Witze.
Herr Brinkmann – hier bietet sich die Erinnerung an einen lebenden Menschen an: jeder denkt hier wohl sofort an Prof. Brinkmann aus der Fernsehserie: Die Schwarzwaldklink.

 Basteln Sie sich nun selbst einige Bilder zu folgenden Namen:
Armbrecht / Dieckmann / Fischer / Pfennig / Stegmann Lösenbeck / Schall / Schwenke

Vornamen

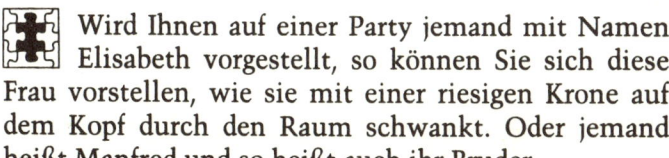 Wird Ihnen auf einer Party jemand mit Namen Elisabeth vorgestellt, so können Sie sich diese Frau vorstellen, wie sie mit einer riesigen Krone auf dem Kopf durch den Raum schwankt. Oder jemand heißt Manfred und so heißt auch ihr Bruder.

Heißt jemand Rosemarie, so können Sie sich die betreffende Frau mit Rosen geschmückt vorstellen (oder als Funkemariechen Rosen schmeißend ... falls Sie wissen, was ein Funkemariechen ist). Oder Sie nehmen das Märchen Pechmarie und Goldmarie als Assoziationshilfe. Nehmen Sie die Bilder und Assoziationen, die Ihnen spontan einfallen.

Schwierige Namen mit Klang-Assoziation lernen

Nun gibt es aber Namen, die keine konkreten Bilder hervorrufen können, die sozusagen wie Fremdwörter oder Vokabeln sind. Hier hilft Ihnen nun die Klang-Assoziation und Sie gehen auch genauso vor, wie in den oben aufgeführten Beispielen aus der Fachtheorie.

Frau Rogalski – ich stelle mir vor, wie die Dame entweder Rogen essend auf Skiern den Berg hinunter fährt (Rogen sind Fischeier) oder Roggen schwenkend auf Skiern steht oder sie baut ein Regal aus Skibrettern.
Frau Kaftan-Namylowski – diese Dame hat natürlich einen Kaftan an (ein afrikanisches weites Kleid) und ist ihren (ursprünglichen) Namen losgeworden, als sie mit einem Löwen Ski fuhr.

Hier noch weitere Namen zum ausprobieren: **Aulitzky, Kalmar, Kluth-Kosnik, Murko, Seguin, Köhne, Korff, Harre, Haupt, Höhfeld, Lotz, Mönch-Tegender, Rottka, Schöler, Wirtz, Rauert, Nientimp, Ruppert, Graefe, Bextermöller, Laiblin, Soehlke-Lennert.**

So, jetzt sind Sie schon einen ganzen Schritt weiter und wahrscheinlich auch schon etwas sicherer geworden. Vielleicht hat es Ihnen auch Spaß gemacht, sich so verrückte Geschichten auszudenken?

Es ist sicher ein Unterschied, ob sie Zeit haben, sich solche Bilder auszudenken oder ob Sie in einer konkreten Situation sehr schnell sich den Namen merken wollen oder müssen. Das braucht vorher etwas Übung und deshalb ist es sinnvoll, es erst sozusagen einige Male trocken zu üben, d. h. zu Hause, bevor Sie es aus dem Stand auf einem Seminar oder auf einer Party anwenden können.

Deshalb folgen nun noch einige Übungen, die Sie zu Hause durchführen können:

 Übungen im Alltag/zu Hause

• Wenn Sie morgens die **Zeitung** lesen und auf einen schwierigen oder ungewöhnlichen Namen stoßen, bilden Sie eine Klang-Assoziation. Schrecken Sie auch vor langen ausländischen Namen nicht zurück, sie sind ein wunderbares Übungsfeld.

Exkurs über Ausländische Namen
Gleichgültig, ob Sie berufstätig sind oder Hausfrau, Sie werden sicher öfter mit ausländischen Namen konfrontiert. Hier erlebe ich dann die oben erwähnte Blockade („Ich kann mir keine Namen merken") in noch verschärfterer Form. Weil es so fremd ist, trauen wir uns gar nicht ran. Aber es ist weniger die Fremdheit, die es so schwierig macht, uns die zwei oder drei Silben zu merken, sondern auch hier wieder unsere Einstellung und Erwartung, dass es so besonders schwer ist.

Wenn Sie beruflich mit ausländischen Firmen telefonieren, ist es ein absolutes Muss, Ihre Gesprächspartner korrekt anzusprechen. Auch hier wird es Ihnen niemand übel nehmen, wenn Sie darum bitten, den Namen noch einmal deutlich gesagt zu bekommen und nachfragen, ob Sie ihn richtig aussprechen.

Ich führe ja häufig Seminare für Lehrer durch, von denen manche auch ausländische Schüler unterrichten. Auch hier erlebe ich leider das Phänomen, dass sich manche gar nicht die Mühe machen, die Namen ihrer Schüler zu behalten und richtig auszusprechen. Das ist in meinen Augen auch eine Form von Diskriminierung, denn der Name hat sehr viel mit der eigenen Identität zu tun.

Stellen Sie sich ein Kind vor, das in einem fremden Land lebt und sich vielleicht ohnehin nicht sehr wohl fühlt oder Ängste hat und dann wird nicht einmal sein Name richtig wahrgenommen und akzeptiert.

Ich habe aber auch zum Beispiel einen Lehrer getroffen, der mit Begeisterung endlos lange pakistanische Namen seiner Schüler lernte, indem er sie rhythmisch in einer Art Singsang wiederholte.

Auch hier ist wieder das A und O die eigene Motivation und das Interesse genauso wie beim Fremdsprachenlernen. Sehe ich es als langweilige Quälerei an, der ich mich beugen muss, werden sich die Worte sperren. Bin ich dagegen fasziniert von dem fremden Klang, so versuche ich ihn mir vertraut zu machen.

● Schneiden Sie **Fotos aus Illustrierten** aus und verteilen Sie diese im Raum. Legen Sie dann zu jedem Bild ein Namensschildchen. Die Namen können Sie sich auch aus der Zeitung holen. Gehen Sie nun an den Bildern vorbei, bleiben Sie einen Moment vor jedem Bild stehen und prägen Sie sich den Namen im Zusammenhang mit dem Bild mit einer der oben beschriebenen Methoden ein.

Dann drehen Sie die Namenskärtchen um, so dass Sie sie nicht lesen können und überprüfen Sie, welche Namen Sie behalten haben.

Wenn Sie einen Namen vergessen haben, schauen Sie sich noch einmal Ihr Merkbild an. War es außergewöhnlich genug? War es konkret genug?

Das ist eine gute Vorübung, wenn Sie mit vielen Menschen zu tun haben.

● Wenn Sie ein visueller Lerntyp sind, kann es für Sie auch zusätzlich hilfreich sein, sich Namen aufzuschreiben oder zumindest buchstabieren zu lassen in der direkten Kommunikation. Das kann beim Telefonieren sein oder auf einer Tagung. Oder Sie lassen sich eine Visitenkarte geben.

Aber nehmen Sie sich dann auch einen Moment Zeit, den Namen wirklich zu lesen!

- **Reime und Rhythmus** können wie bei dem Beispiel mit den pakistanischen Namen auch helfen. Natürlich können Sie bei einer Besprechung mit anderen Firmen nicht dreimal rhythmisch „Kleinschmidt, Kleinschmidt" rufen und dazu in die Hände klatschen, aber Sie können es stumm im Inneren wiederholen. Und zu Hause brauchen Sie sich keine Hemmungen aufzuerlegen.

- **Kinästhetische Lerner** lernen gut durch **Bewegung**. Mein Kollege rannte bei Besprechungen immer im Raum hin und her (was mich verrückt machte). In meinen Seminaren beginne ich immer mit einem Kennenlernspiel, bei dem fast alle auf einen Schlag bis zu 20 Namen lernen. Hier stellt sich jeder Teilnehmer mit seinem Namen und einer damit verbundenen Bewegung vor, die irgend etwas mit ihm zu tun hat (mit seinem Beruf, Hobby, seiner momentanen Befindlichkeit). Alle Teilnehmer wiederholen diese Bewegung dreimal zusammen und sprechen dabei den Namen.

Für kinästhetische Lerner ist das eine große Hilfe: Sie erinnern sich erst an die Bewegung und wenn sie diese ausführen, fällt ihnen der Name wieder ein.

- **Bewegung, Gestik und Mimik**
Auch wenn Sie Ihr Gegenüber nicht auffordern können „Machen Sie mal eine typische Bewegung" frei nach Robert Lembke, so können Sie sich dennoch vielleicht eine typische Geste, Mimik oder ein Sonstiges äußeres

Merkmal merken. Auch wenn dies vielleicht nicht besonders auffällig ist, so können Sie es wie bei dem Bildermachen so verändern, dass es übertrieben und auffällig wird. Eine Brille können Sie riesig vergrößern, wenn jemand große Ohren hat, lassen Sie diese noch wachsen, eine bunte Krawatte wickeln Sie (im Geiste) um den ganzen Menschen usw.

Vokabeln lernen

Ich habe Ihnen bei der Einführung in diese Methode anfangs einige Beispiele von Kiswahili-Vokabeln (**mlinzi** und **mfanyi biashara**) gegeben.

Ich möchte Ihnen hier noch einige weitere Beispiele aus unterschiedlichen Sprachen geben.
 Auch wenn Sie keine der angeführten Sprachen lernen wollen, sondern eine ganz andere: sehen Sie sich dennoch die Beispiele an, dann fällt es Ihnen leicht, die Methode auf Ihre Sprache zu übertragen.

 Beispiele aus dem Kiswahili

baharia – der Seemann
Ein Seemann kommt in eine Bar und singt eine Arie
mwalimu – der Lehrer
(mu = Kuh, Ali = mein Nachbar)
Ein Lehrer reitet auf einer Kuh zu meinem Nachbarn Ali
mvuvi – der Fischer
(m – wohliger Laut, vuvi – klingt wie Wogen oder Wellen)
Ein Fischer tanzt freudig mit seinem Boot auf den Wellen, während er fischt

Uso – das Gesicht
(wird mit scharfem „S" gesprochen)
Jemand schüttet mir ein Glas Uso (griech. Schnaps) ins Gesicht und das ist scharf.

Beispiele aus dem Arabischen

(Ich gebe das Arabische hier nur in deutscher Lautschrift wieder.)

mahatta – der Bahnhof
(mahatta erinnert mich ein wenig an das Wort Mahatma und da denke ich an Mahatma Gandhi, worüber ich gerade einen Film im Kino gesehen hatte.)
  Ich sehe Gandhi in sein Tuch gewickelt auf einem Bahnhof stehen.

Schwierig ist es für mich oft, mir Dinge zu merken und auseinander zu halten, die ähnlich sind. Beispiel **ruruub** und **šuruq** (schuruq gesprochen).

ruruub – Sonnenuntergang
Die Sonne geht *r*unter.
šuruq – Sonnenaufgang
Die Sonne *sch*eint.

Hier habe ich also als Eselsbrücken die Anfangsbuchstaben genommen.

sahâb – die Wolken
(Die Beduinen sprechen das a etwas schräg aus, das klingt wie sähäb)
Sie hebt die Wolken!
qasîr – kurz, kleinwüchsig
Drei-Käse-Hoch

Beispiele aus dem Türkischen

sonbahar – der Herbst
Von der Sonne behaart geht er in den Herbst.
arkadaşlik – Freundschaft (wird ausgesprochen: **arkadaschlik**)
Als Ausdruck unserer Freundschaft gehen wir unter den Arkaden Schaschlik essen.
bahçe – der Garten
Che Guevara steht an einem Bach im Garten
komsu – der Nachbar (wird ausgesprochen: **komschu**)
Ich frage meinen Nachbarn: „Kommst du?"
aydın – hell, leuchtend
Ei denn, wie hell es ist!/Ei, dein Ei leuchtet aber hell!
duvar – die Mauer
Du, fahr nicht vor die Mauer!
tembel – faul
Wenn ich in einem Tempel sitze, arbeite ich nicht und bin somit „faul".
diš – der Zahn (ausgesprochen: **disch**)
Ich beiße mit einem Zahn in den Tisch.

Einige Beispiele aus dem Indonesischen

azafata – Stewardess
Ah, sie sah den Vater und flog davon!
turrón – eine Art Mandelmarzipan
Wir machen eine Tour an die Rhône und essen dort Berge von Mandelmarzipan.
zarzuela – ein spanisches Singspiel
Der Zar (kommt) zu Ela, um mit ihr zu singen und zu tanzen.

Einige Beispiele aus dem Spanischen

la almohada – Kopfkissen
Auf der Alm – oha!, da habe ich ein Kopfkissen! (Und Sie können sich vorstellen, was ich da mache ...)
la golondrina – Schwalbe
Eine Schwalbe ist in einer Gondel drin – oder fährt mit Trina in einer Gondel.
los vaqueros – Jeans
In meiner Jeans gehe ich los, um wacker dem Eros zu frönen.
los leotardos – Strumpfhose
In meiner Strumpfhose gehe ich los, um mich mit Leoparden durch Tornados zu kämpfen. Ich kann aber auch Tartar in einer Dose mit ihnen essen.
el rebaño – Herde
Ein Reh spielt Banjo für eine Herde.
el bandada – Schwarm (Vögel)
Auch die Vögel wollen sich da nicht lumpen lassen, sie gründen eine *Band* und nennen ihre Gruppe „Ada", wobei sie als Kostüm vielleicht noch Bandagen tragen.

Eselsbrücken

Es gibt sehr unterschiedliche Arten von Eselsbrücken. Zum Teil sind es abgewandelte Formen vom Bildermachen, zum Teil nutzen sie Reim und Rhythmus. Sie können auch aus einem Wort bestehen, bei dem jeder Buchstabe der erste Buchstabe eines Wortes ist oder was auch immer hilfreich ist, um sich etwas zu merken. Ich werde Ihnen einige unterschiedliche Formen von Eselsbrücken als Beispiele vorstellen. Ich möchte Sie aber vor allem ermutigen, selber Eselsbrücken zu bauen und sie zu nutzen, wann immer es möglich ist. Sie können natürlich auch die Eselsbrücken von anderen nehmen (dazu gleich ein Vorschlag), aber sie müssen Ihnen einleuchten. Das ist bei selbstgemachten Eselsbrücken natürlich garantiert.

Oft sind Eseslbrücken scheinbar verschlungen und kompliziert, können aber dennoch sehr hilfreich sein.

 Beispiele

Bilder machen
Emulsion – Fett und Wasserverbindung
Ein fetter Emu springt ins Wasser und singt „Tochter Z(S)ion" (oder er trinkt ein Sion-Kölsch).

Merkwörter oder -sätze aus Anfangsbuchstaben
Planten: Merkur, Venus, Erde, Mars, Jupiter, Saturn, Uranus, Neptun, Pluto.
Merksatz: **M**ein **V**ater **e**rklärt **m**ir **j**eden **S**onntag **d**ie **n**eun **P**laneten.
Meine **Gitarrensaiten** benenne ich heute noch mit dem Satz: **E**ine **a**lte **D**ame **g**eht **H**eringe **e**ssen. (E A D G H E)

Ein Beispiel aus dem kaufmännischen Bereich:
Wandlung, **U**mtausch, **M**inderung, **S**chadenersatz
Merkwort: WUMS

Medizin

Hier einige Beispiele, die meine Freundin entwickelt hat, als sie für die **Heilpraktikerprüfung** lernte, nachdem ich ihr das Bildermachen und die Eselsbrücken gezeigt hatte. Ich kann verraten, dass ihr diese Techniken sehr geholfen haben (für diese Prüfung müssen unvorstellbar viele Dinge auswendig gelernt werden!) und sie ihre Prüfung bestanden hat.

Frage: Bei welchen Erkrankungen ist jeder Todesfall meldepflichtig?

Antwort: Folgende fünf Krankheiten:
Influenza, **Keu**chhusten, **Ma**sern, **Pu**erperalsepsis, **Sch**arlach.
Sie hat dann die ersten Silben eines jeden Wortes genommen und damit ein Phantasie-*Merkwort* gebildet:

 IN/KEU/MA/PU/SCH = INKEUMAPUSCH
und davor eine 5 in einem Kreis mit einem Kreuz darin (für Todesfall).

Man könnte auch einen Satz damit bilden:
Inge Keun mag Puschen (= Hausschuhe). Wobei das Wort „Puerperalsepsis" vielleicht noch eine Sonderbehandlung braucht in Form von Klang-Assoziation.

Frage: Bei welchen Erkrankungen besteht Meldepflicht bei Verdacht, Erkrankung, Tod:

Das sind die 17 **V**ettern:
Botulismus, **Ch**olera, **En**teritis infectiosa, **Fleckfieber**, **Lep**ra, **Mi**lzbrand, **Or**nitose, **Pa**ratyphus, **Pes**t, **Pock**en, **Pol**iomyelitis, **Rück**fallfieber, **Ski**gellenruhr, **Tollwut**, **Tula**rämie, **Typ**hus abdomalis, **Virus**bedingtes hämorrhagisches **Fieber**.

Merksatz:
Bolcho, die fleckfiebrige Ente, lept auf Mi-Orni am Parapespock-Pol und nimmt Rückski (sicht) auf tollwütige Tula-Typen mit Virus-Fieber.

Dazu verfasste sie eine Zeichnung mit der fleckfiebrigen Ente, die auf dem Parapespock-Pol sitzt, daneben der tollwütige Tula-Typ mit einem Fieberthermometer im Mund, und das alles auf Mi-Orni, einer Insel.

Einige andere Formen von Eselsbrücken

Eine **geschichtliche Zahl**: Wann wurde der Kölner Dom gebaut? Als erstes kommt eine **1**, das Doppelte ist **2**, das Doppelte ist **4** und das Doppelte ist **8**. Also: **1248**.

Aus dem **juristischen Bereich**: StGB § 123 ist Hausfriedensbruch. **Merksatz**: 1-2-3 raus!

Reime
Konkav und Konvex: Konvex ist der Podex (und dann weiß man auch, was das andere ist).

Noch einige Tipps zum Sprachen lernen

Ich möchte Ihnen im Folgenden einige Tipps geben, die Ihr systematisches Lernen begleiten können. Sie finden hier keine Sprachlernmethode (dazu verweise ich Sie auf die Literatur im Anhang), sondern lediglich kleine Ergänzungen, die Sie zusätzlich zu einem Sprachkurs, den Sie besuchen oder einem Kassettenprogramm, mit dem Sie zu Hause lernen, ohne allzuviel Aufwand einbauen können.

Wenn es Ihnen vor allem darum geht, eine Sprache sprechen zu lernen, ist das Beste natürlich ein Aufenthalt in einem Land, in dem die Sprache gesprochen wird. Es werden ja auch Sprachkurse in vielen Ländern angeboten. Tun Sie es, wenn Sie die Gelegenheit dazu haben. Sie sparen eine Menge Zeit, die Sie sonst in Sprachkursen zubrächten, Sie lernen eine Sprache authentischer und auch die vielen kleinen Alltagsfloskeln, die in keinem Lehrbuch stehen, und es macht erheblich mehr Spaß.

Ich kann es aus Erfahrung sagen. Ich habe etliche Stunden in einem Türkisch-Kurs verbracht, aber ich habe unglaublich viel mehr und schneller Türkisch gelernt, als ich mit einer Freundin 5 Wochen in der Türkei war und dort bei türkischen Familien gewohnt habe. Es blieb uns nichts anderes übrig, als Türkisch zu sprechen und zu hören. Mit der Zeit schleifen sich bestimmte Redewendungen ein, man erkennt bestimmte Floskeln wieder, die immer wieder auftauchen.

Noch krasser war es mit Arabisch. Ich konnte kein Wort Arabisch, als ich zum ersten Mal in die Wüste ging und habe dort am Feuer mit den Beduinen meine ersten Worte gelernt, indem sie auf Dinge zeigten und sie benannten. Von Vorteil war sicher, dass ich kein Wort Französisch kann und so auch nicht auf eine andere Sprache ausweichen konnte.

Vor allem war auch hier das wochenlange Umgebensein von der arabischen Sprache wichtig, wo sich so langsam bestimmte Begriffe ins Bewusstsein schlichen. Oft habe ich nur aus dem Zusammenhang erahnt, was gemeint war und wie sich später rausstellte, lag ich gar nicht immer so falsch mit meinen Vermutungen. (Es gab aber natürlich auch totale Missverständnisse.)

Optimal ist die Mischung von systematischem Sprachlernen zu Hause (in einem Kurs, bei einem Lehrer oder notfalls alleine mit Büchern und Kassetten) und Weiterlernen und Anwenden in dem entsprechenden Land.

Wenn Ihnen eine Reise nicht möglich ist, so können Sie dennoch Elemente einer fremdsprachlichen Umgebung simulieren. Ich hatte damals den Vorteil, dass ich türkische Jugendliche unterrichtete und so häufig von der Sprache umgeben war und sie auch konkret nach bestimmten Dingen fragen konnte.

Zudem hatte ich Kollegen, die auch Türkisch lernten und damit schon sehr viel weiter waren als ich und wir hatten uns angewöhnt, bestimmte Dinge nur noch in Türkisch zu sagen. So sage ich heute noch automatisch, wenn jemand niest „Çok yaşa" („Gesundheit"; wörtl. „langes Leben").

Versuchen Sie Menschen kennen zu lernen, deren Muttersprache die Sprache ist, die sie lernen wollen. Freundschaften sind das Beste, um eine Sprache zu lernen, da das Interesse am anderen Menschen dann im Vordergrund steht und Sie von daher viel mehr motiviert sind, diese Sprache zu lernen.

Gehen Sie in Lokale, wo Sie Menschen der entsprechenden Nationalität treffen, das Stimmengewirr und vielleicht entsprechende Musik hören.

Lassen Sie zu Hause im Hintergrund Kassetten in der Sprache laufen, es müssen keine Sprachkurse sein, sondern es können Radiosendungen, Hörspiele oder sonst was sein. Es geht hierbei nur darum, dass Ihnen der Klang vertraut wird.

Hören Sie Musikkassetten mit Liedern aus dem entsprechenden Land, das geht auch beim Autofahren.

Schauen Sie sich Filme aus dem Land an, am besten in Originalsprache mit Untertitel. Nehmen Sie solche Filme auf Video auf oder leihen Sie sie aus.

Das alles sind Hilfen, wenn es Ihnen vor allem darauf ankommt, eine Sprache sprechen zu lernen.

Wenn es Ihnen auch darum geht, die Sprache schreiben und lesen zu lernen, können Sie weitere Schritte tun.

Wenn Sie auch schreiben lernen wollen ...

Wenn Sie sich in den Anfangsgründen befinden und erst einmal Vokabeln lernen, können Sie auf alle Gegenstände in Ihrer Wohnung Kärtchen kleben, wo die Bezeichnung in der Fremdsprache draufsteht.
Sie können sich drei Worte, die besonders schwierig für Sie sind, groß auf eine Karte schreiben und an einen exponierten Platz hängen, so lange, bis Sie merken, dass Sie die Worte unbewusst gespeichert haben und sie dann austauschen gegen neue Worte.

Wenn Sie schon fortgeschrittener sind, führen Sie innerliche Selbstgespräche in der Fremdsprache. Versuchen Sie ab und zu, in der Sprache zu denken. Lesen Sie Zeitschriften, leichte Krimis oder Romane in der Sprache.

Das Wichtigste ist, dass Sie begeistert sind von der Sprache. Entdecken Sie deren Besonderheiten, wie unterschiedlich gleiche Dinge in verschiedenen Sprachen ausgedrückt werden.

Die Türkische Sprache ist zum Beispiel oft sehr bildhaft und blumig, geradezu poetisch. Allein schon die

Übersetzungen der Namen ist oft sehr interessant (und hilft im Übrigen auch beim Namen lernen), denn viele Namen haben eine Bedeutung.
Beispiele: Gül = Rose, Aslan = Löwe.

Bei manchen Sprachen müssen Sie auch neue **Schriftzeichen** lernen, wie beim Arabischen oder Chinesischen.
    Auch hier kann man mit Eselsbrücken arbeiten.
    Einen für mich sehr hilfreichen Tipp fand ich bei BIRKENBIHL, die einige Beispiele in ihrem Buch „Fremdsprachen lernen" gibt. Erst einmal auf die Idee gebracht, fielen mir dann auch eigene Eselsbrücken ein.

Wie ich schon erwähnte, ist es besonders schwierig, ähnliche Dinge auseinander zu halten. Im arabischen Alphabet gibt es nun etliche Buchstaben, die völlig ähnlich geschrieben werden und nur eine unterschiedliche Anzahl von Punkten über oder unter der Linie haben.

BIRKENBIHL gab als Beispiel das N an und verglich den arabisch geschriebenen Buchstaben mit einem *N*abel (siehe Bild): der Halbkreis stellt den Bauch dar, der Punkt darin ist der *N*abel).
    Ich ergänzte es durch den Buchstaben B: der Halbkreis ist der untere Teil des Gesichts, darunter befindet sich der *B*art (der Punkt ist *unter* der Linie).
    Dann das T: der Halbkreis ist eine *T*asche, die 2 Punkte *darüber* sind die Henkel.

Ab da konnte ich die drei Buchstaben ohne Mühe auseinander halten.

Ähnlich ging es mir mit den folgenden Buchstaben, auch hier hatte ich anfangs Mühe mir zu merken, wann der Punkt oben und wann er unten ist.

Wenn der Punkt unten ist, wird es wie ein dsch ausgesprochen, dazu fiel mir das arabische Wort Dschinns ein. Dschinns sind eine Art böse Geister, und die gehören nach *unten*!

Wenn der Punkt über dem Buchstaben ist, wird es wie ch ausgesprochen wie in dem Wort „Dach". Und ein Dach ist *über* einem Haus.

Eine Methode, die Sie beim Sprachen lernen auf jeden Fall einsetzen sollten, ist die **Lernkartei** (s. LEITNER) und die mind-map® Methode aus dem nächsten Kapitel.

Die mind-map®-Methode

Nun möchte ich Ihnen meinen absolute Lieblingsmethode vorstellen, die ungeheuer vielseitig einsetzbar ist. Sie macht Spaß, erspart sehr viel Zeit, gibt Ihnen einen Überblick über bisher unüberschaubare Arbeitsabläufe, hilft Ihnen bei Planungen von Projekten ebenso wie beim Lernen. Die einzelnen Anwendungsbereiche werde ich Ihnen später noch ausführlicher zeigen. Zuerst möchte ich Ihnen erklären, worum es überhaupt geht, und wie diese Methode aussieht. Denn sie unterscheidet sich schon rein optisch von allen anderen.

Vorausschicken möchte ich noch, dass Sie vielleicht nicht auf Anhieb den Sinn dieses fremdartigen Gebildes einsehen. Geben Sie mir einfach einen kleinen Vertrauensvorschuss und beschäftigen Sie sich eine Weile mit dieser Methode, dann werden sich Ihnen die Vorteile mit der Zeit erschließen.
Bei manchen Menschen funkt es allerdings sofort.
Wenn ich diese Methode in meinen Seminaren einführe, sind die Reaktionen sehr unterschiedlich – und so wird es vielleicht auch bei Ihnen sein. Einige sind zuerst einmal sehr befremdet über diese außergewöhnliche Form und sie trennen sich nur sehr ungern von ihrer gewohnten Art zu schreiben: ordentlich linear untereinander. Und das ist auch vielleicht das Haupthindernis: unsere Gewohnheit! Aber Sie lesen dieses Buch ja, um etwas Neues kennen zu lernen.
Manche Seminarteilnehmer reagieren aber auch spontan begeistert, sagen, dass das genau die Methode ist, die sie schon immer gesucht und gebraucht haben.

Ganz gleich, welcher Gruppe Sie sich eher zuordnen, probieren Sie die Methode einige Male aus, machen Sie die vorgeschlagenen Übungen und sehen Sie *dann*, ob und wie sie damit klarkommen.

Eine kleine Vorübung für Sie

Ich schlage vor, bevor ich weitere Anregungen und Informationen über die mind-map®-Methode gebe, dass Sie ein erstes kleines mind-map® selber herstellen. Sie werden dann anschließend besser verstehen, wovon ich überhaupt rede.

Da es jetzt nur um eine Vorübung geht, nehmen wir noch kein tiefschürfendes Thema, sondern so etwas simples wie einen Einkaufszettel. Damit will ich Ihnen nicht nahelegen, in Zukunft Ihre Einkaufszettel auf diese Art zu schreiben. Es ist, wie gesagt, nur eine Vorübung.

Normalerweise sähe Ihr **Einkaufszettel** vielleicht so aus:
Frischkäse/Joghurt/Apfelsinen/Tee/Salat/Bohnen
Zahnpasta/Möhren/Brot/Äpfel/Mineralwasser /Saft
Toilettenpapier

Wenn Sie daraus ein mind-map® machen wollen, müssen Sie sich zuerst die Oberbegriffe überlegen. Das könnten sein:
Obst, Gemüse, Getränke, Hygiene und Badeartikel, Milchprodukte.

Diese Oberbegriffe schreiben Sie in die Wolken an den Hauptästen, dann ordnen Sie die einzelnen Lebensmittel etc. zu.

✏ Schreiben Sie jetzt das mind-map® zum Einkaufszettel:
Wenn Sie jetzt z. B. verschiedene Säfte kaufen wollten, könnten Sie diesen Punkt weiterverzweigen: Möhrensaft, Apfelsaft usw.

An dieser Stelle möchte ich eine sehr wichtige Regel für das Lernen einfügen:

💡 **Wir behalten das am besten, was wir selbst getan haben!**

Wann immer es Ihnen also möglich ist: Probieren Sie Übungen selber aus. Darüber lesen oder hören reicht nicht, um es wirklich zu verstehen und zu behalten.

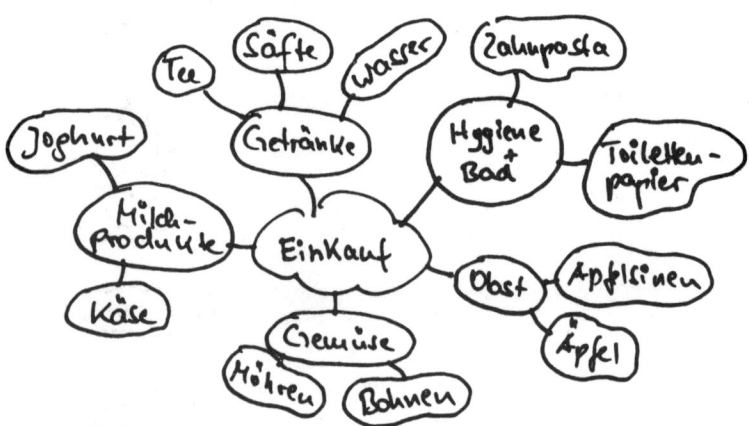

Aufbau eines mind-map®s

Der erste Schritt, um ein mind-map® herzustellen, besteht darin, dass Sie ein unliniertes *Din-A 4-Blatt querlegen*. Dazu las ich einmal eine nette Erklärung: dann denkt das Gehirn „Aha, malen!" und schaltet auf die rechte Hirnhemisphäre um, die für kreatives ganzheitliches Denken zuständig ist. Aber auch rein technisch gesehen ist das Querformat zu empfehlen, weil es von der Gestaltung her leichter und übersichtlicher ist.

Das Thema, das Sie bearbeiten wollen, schreiben Sie in die Mitte des Blattes und umranden es mit einem Oval oder einer Wolke.

Stellen Sie sich vor, Sie schauen von oben auf einen *Baum* herunter. Dann sehen Sie in der Mitte den Stamm (das ist das Oval in der Mitte, das Sie gerade gemalt haben). Von dem Stamm gehen einige dickere Äste ab, ich nenne sie im folgenden *Hauptäste*. Das sind die Oberbegriffe oder Haupt-Schwerpunkte Ihres Themas. Davon verzweigen sich dann wieder kleinere *Nebenäste*, die sich in weiteren *Zweigen* verlieren können.

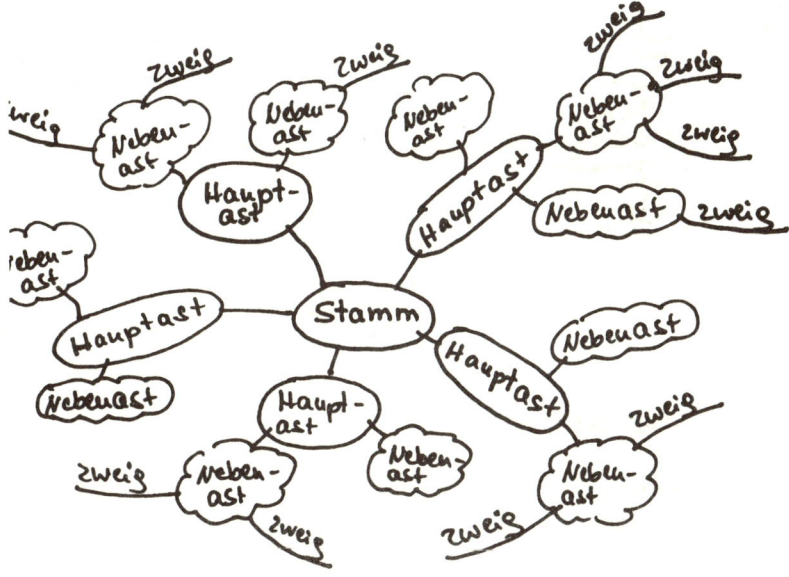

Auch wenn das Bild zuerst etwas verworren aussieht, Sie haben eine ganz klare Gliederung und Hierarchie in: Stamm / – Hauptäste / – Nebenäste / – Zweige / – Nebenzweige

Reihenfolge

Bei manchen Themen ist es wichtig, eine bestimmte Reihenfolge deutlich zu machen: beim Ablauf bestimmter Arbeitsschritte oder bei einer zeitlichen Planung zum Beispiel.

Sie beginnen Ihr mind-map® immer *oben rechts*, da wo bei einem Uhrenziffernblatt die 1 steht. Von da aus schreiben Sie dann im *Uhrzeigersinn* weiter. Es ist sinnvoll, nicht nur bei den Hauptästen auf diese Reihenfolge zu achten, sondern auch bei den weiteren Verzweigungen. So sehen Sie später immer auf einen Blick, was als erstes dran kommt und was danach.

Wenn Sie ein Brainstorming zu einem Thema machen und erst nachher die Reihenfolge festlegen, dann können Sie die Wolken oder Ovale durch*numerieren* oder ein neues mind-map® schreiben.

Es hängt vom Thema ab und davon, wie sehr Sie damit schon vertraut sind, ob Sie beim ersten mind-map® alles richtig zugeordnet und in der richtigen Reihenfolge geschrieben haben oder es noch einmal überarbeiten müssen. Aber das müssen Sie bei anderen Arten von Notizen und Ideensammlungen auch.

Formen

Wie ich schon weiter oben erwähnte, gibt es sehr unterschiedliche Gestaltungsmöglichkeiten. Sie können ein mind-map® aus *Zweigen, Ovalen, Wölkchen* oder *Rechtecken* bilden.

In der Literatur finden sich meist Zweige in Linienform, auf denen dann die Worte geschrieben werden.

Linienform

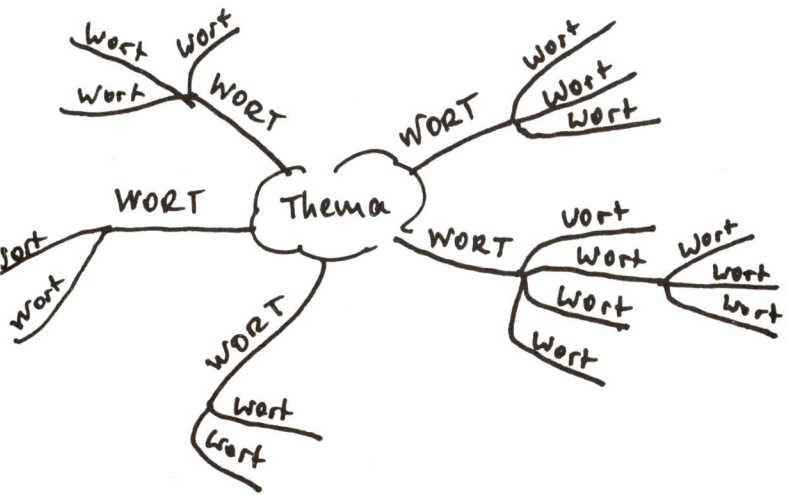

Ovale und Wolken

Ich persönlich komme mit den Ästen und Zweigen nicht so gut klar. Ich finde die Abzweigung in weitere Unteräste sehr viel schwieriger. Man kann immer nur am Ende eines Astes weiterverzweigen, während man bei Wolken und Ovalen von jeder beliebigen Stelle aus abzweigen kann, ohne Gefahr zu laufen, das Wort durchzustreichen. Man ist flexibler in der Raumaufteilung des Blattes.

Zudem verführen die Zweige eher dazu, doch wieder sehr linear zu schreiben. Zumindest habe ich das bei vielen Menschen so beobachtet. Sie quetschen dann ganz viele Worte eng untereinander und es gab keine Möglichkeit mehr, beispielsweise zu dem vierten Zweig noch einen Unterpunkt zu schreiben, der einem später erst einfiel.

Und das ist gerade einer der riesigen Vorteile des mind-map®s: die Offenheit. Dass ich jederzeit noch Punkte zum Oberpunkt 1 ergänzen kann, auch wenn ich inzwischen bei Punkt 4 angekommen bin.

Ich kann natürlich innerhalb eines mind-map®s verschiedene Formen anwenden und diese noch als zusätzliche Strukturierungshilfe einsetzen. So kann ich alle Oberbegriffe in Ovale schreiben, die Unteräste in Wolken und die weiteren Zweige in Kästchen oder auf Linien schreiben. Dann sehe ich noch schneller die Gliederung in Ober- und Unterthemen.

Manche Autoren empfehlen sogar, das Blatt beim Schreiben zu drehen, so dass einige Worte auf dem Kopf stehen. Davon würde ich Ihnen abraten, denn es geht ja darum, auf einen Blick das Ganze sehen und lesen zu können. Wenn Sie da zuerst den Kopfstand machen müssen, wenn Sie ein mind-map® an die Wand gehängt haben, ist das zwar gesund, aber manchmal etwas umständlich.

Trotz meiner eindeutigen Vorliebe für Wolken und Ovale möchte ich Ihnen dennoch empfehlen, alle Varianten auszuprobieren und die zu nehmen, die Ihnen am sympathischsten ist und womit Sie am besten zurecht kommen. Das wichtigste ist, dass Sie sich nicht verführen lassen, doch wieder linear zu schreiben, sondern immer genug Raum zwischen jedem Oval, Zweig oder Wölkchen zu lassen, um später noch ergänzen zu können.

Farben

Die Farben sind eine zusätzliche Strukturierungshilfe, die dann hilfreich ist, wenn es ums Lernen geht oder um einen schnellen Überblick.
Ich kann die Farben unterschiedlich einsetzen.
1. zum Verdeutlichen der *Hierarchie* von *Haupt- und Nebenästen*. Hier kann ich z. B. alle Hauptäste blau machen, alle Nebenäste rot und die Zweige gelb.
2. um *inhaltliche Schwerpunkte* oder Zusammenhänge zu kennzeichnen.

Zunächst schreibe ich erst einmal alles mit einem schwarzen Stift und wenn das mind-map® fertig ist, setze ich die Farben ein. Wie ich das mache, hängt sehr von dem Inhalt und Zweck des mind-map®s ab. Es gibt kaum ein mind-map®, wo ich **alle** Wolken bunt mache, sondern es sind nur die wichtigsten.

Ich verwende dazu trockene Textmarker. Sie sehen aus wie Buntstifte, haben aber mehr Leuchtkraft und schmieren nicht. Sie scheinen auch nicht so durch das Blatt, wie die nassen Textmarker und sind bei Fotokopien nicht oder kaum sichtbar.

Farben können das Lernen und Behalten sehr unterstützen. Zum einen wird die rechte Gehirnhälfte durch Farben und Formen angesprochen, zum anderen präge ich mir wichtige Begriffe besser ein, da ich mich durch das Markieren einige Sekunden länger damit beschäftige.

Die Farbwahl können Sie natürlich selbst bestimmen. Zu Beginn meiner mind-map®-Praxis habe ich die Farben noch willkürlich ausgewählt, Hauptsache es war schön bunt. Dann habe ich aber schnell gemerkt, dass es sinnvoll ist, eine eindeutige Zuordnung der Farben vorzunehmen. Denn nur dann sind sie eine Orientierungshilfe.

Wieviele Farben Sie nehmen und wie Sie sie zuordnen, hängt von Ihrem persönlichen Gefühl den Farben gegenüber ab und dem, was sie damit bezwecken.

Lassen Sie sich Zeit, ein für Sie geeignetes System zu entwickeln, experimentieren Sie ruhig erst einmal damit herum.

Inhalt

🗝 Schlüsselwörter

Was wird denn nun in die Wölkchen oder auf die Zweige geschrieben? Das sind so genannte **Schlüsselwörter**, Stichwörter, die das *Wesentliche* erfassen von dem, was Sie festhalten wollen. Die Schlüsselwörter sollten möglichst *konkret* sein, weil sich dann dazu mehr *Assoziationen* bilden können. Sie können sich auch besser *innere Bilder* dazu machen und dies alles zusammen *erleichtert das Lernen und Behalten*.

 Bilder

Neben Worten sollten auch möglichst *Bilder, Skizzen und Symbole* verwendet werden, da dies die Merkfähigkeit des Lernstoffes erhöht. Immer dann, wenn Sie sich etwas einprägen und lernen wollen, ist Visualisieren eine wichtige Unterstützung. Denn Sie erinnern sich aus den früheren Kapiteln: Bilder nimmt unser Gedächtnis viel schneller und leichter auf als Worte.

Sie werden an meinen Beispielen sehen, dass ich mich nicht immer ganz streng an die Vorgabe halte, sondern statt einzelner Schlüsselwörter auch schon mal halbe Sätze schreibe. Auch das hängt wieder von dem Zweck Ihres mind-map®s ab: Geht es um einen **schnellen** Überblick und um Lernen eines Stoffes, sollten es möglichst nur Wörter sein, die Ihnen dann als Erinnerungshaken dienen.
Sammeln Sie aber erst einmal nur Ideen zu einem komplizierten Thema, müssen Sie einen Gedankengang vielleicht deutlicher machen als es mit einem Wort möglich ist.

Oder es kommt auf eine genaue Definition oder Formulierung an. Auch hier: Regeln sind Hilfen und Anregungen und Sie können sie so verändern oder erweitern, wie es für Ihre Zwecke nützlich ist.

Vorteile

Nun habe ich Ihnen nur den Aufbau eines mind-map®s vorgestellt, aber Sie bewegt sicher immer noch die Frage, warum Sie jetzt auf diese merkwürdige, vielleicht kraus anmutende Art schreiben sollen statt wie bisher von oben nach unten. Was ist der Vorteil?

Ich werde Ihnen hier einige Vorteile aufzeigen, aber ich kann Ihnen jetzt schon sagen, dass Sie sich nur wirklich überzeugen können, wenn Sie es selbst einige Male ausprobieren und dann positive Erfahrungen machen.

Es ist eine **gehirngerechte** Methode.
Das bedeutet, dass sie der Art, wie unser Gehirn arbeitet, entgegenkommt. Ich verweise hier auf das Kapitel 4.

Unser Gehirn arbeitet nicht nur linear und logisch und in einer Reihenfolge, sondern es laufen auch gleichzeitig parallele Abläufe ab, es arbeitet vernetzt und übergreifend. Und das kann ich in einem mind-map® besser erfassen und darstellen als mit einer linearen Schreibweise.

Mit einem mind-map® werden linke und rechte Gehirnhälfte angesprochen, da zum einen Worte benutzt werden (links) und zum anderen Bilder (rechts), außerdem wirkt das ganze Gebilde wie eine Grafik.

Es ist ein offenes System.
Gleichgültig, ob Sie bei einem Vortrag mitschreiben, Ideen sammeln oder etwas planen, ist dies einer der größten Vorteile gegenüber dem linearen untereinander schreiben. Denn sie können jederzeit Ergänzungen auch zu vorherigen Punkten vornehmen, zu denen Ihnen später etwas einfällt.

Während meiner Studienzeit kannte ich mind-map®s leider noch nicht und ich habe in Vorlesungen seitenweise wörtlich mitgeschrieben. Wenn dann später noch eine Ergänzung zu Punkt 1 kam, so machte ich dort ein x^1 und schrieb die Ergänzung dann unten auf die Seite oder sogar erst einige Seiten später, wo noch Platz war. Dann musste ich immer hin- und herblättern.

Erst recht, wenn Sie planen oder Ideen sammeln: Ihre Assoziationen springen hin und her, sie hangeln sich nicht linear an einer vorgegebenen Reihenfolge entlang. Und das ist auch wichtig und sinnvoll, denn nur durch dieses assoziative scheinbare Herumspringen Ihrer Gedanken können kreative und neue Ideen entstehen. Und das ist ein Hauptanliegen des mind-map®s: festgelegte und eingeengte Denkbahnen zu verlassen und so den Boden zu bereiten für neue Einsichten und Ideen. Nicht nach Schema F vorgehen, sondern die Gedanken sich verzweigen lassen, ungewohnte Richtungen einschlagen lassen und auf Nebenpfaden ganz neue Aspekte entdecken, neue Verknüpfungen und Zusammenhänge.

Ein mind-map® fördert **vernetztes Denken** und kann es abbilden.

Ein mind-map® unterstützt zudem die **aktive Auseinandersetzung mit einem Thema.** Ich nehme noch einmal das Beispiel von der Vorlesung. Als ich wörtlich alles mitschrieb, bedeutete das überhaupt nicht, dass ich den Inhalt verstanden hätte und mich geistig damit auseinander gesetzt habe. Im Gegenteil. Ich war vollauf damit beschäftigt, rasend schnell mitzuschreiben, zum Denken und Nachdenken blieb keine Zeit, das Verstehen wurde eher behindert.

Wenn ich in mind-map® Form mitschreibe, schreibe ich ja nur die wesentlichen Schlüsselwörter auf und so bleibt mir mehr Zeit, wirklich zuzuhören und mitzudenken, Schlussfolgerungen zu ziehen oder Fragen zu formulieren, die ich auch schnell notieren kann. Ich kann mich besser mit dem Inhalt beschäftigen.

Außerdem zwingt mich die Auswahl von Schlüsselwörtern und die Zuordnung an die verschiedenen Äste dazu, mir inhaltliche Gedanken zu machen, was denn das Wesentliche ist und was womit zusammenhängt. Das erfordert eine gedankliche Auseinandersetzung und Durchdringung des Themas – und damit habe ich viel mehr gelernt als durch eine bloße Wiedergabe des Inhalts. Wenn Lernen mehr bedeuten soll, als sinnloses und unverständiges Auswendiglernen, dann ist ein mind-map® eine große Hilfe für eine andere Art des

Lernens mit Sinn und Verstand, eigenen Gedanken und Fragestellungen.

Es ist eine **kreative Form** des Denkens und Schreibens, da ich durch die andere Form auch auf andere Gedankengänge komme als durch das normale Schreibschema. Das ist eine These, der Sie jetzt zustimmen können oder nicht. Auch hier gilt: Sie müssen es selber erfahren beim Ausprobieren, ob Ihre Gedanken neue Bahnen einschlagen, Ihnen neue Ideen kommen.

Ein weiterer Vorteil: Wenn Sie sich erst einmal an die ungewohnte Art gewöhnt haben, haben Sie durch ein mind-map einen viel besseren **Überblick** über komplexe Strukturen und Zusammenhänge. Sie haben Ihre komplette Urlaubsplanung auf einem Blatt und durch farbliche Markierung sehen Sie auf einen Blick, was sie vorher zu erledigen haben, was Sie einkaufen müssen, wer sich um Zeitung und Katze kümmert, was sie mitnehmen wollen und was sonst noch zu bedenken ist.

Und zuletzt: ein mind-map® ist eine sehr **individuelle Methode**, es sieht bei jedem Menschen anders aus. Das bedeutet, dass jeder für sich die Form entwickeln kann, die ihm entspricht und sein Lernen fördert. Da die Lernstrategien eines jeden Menschen unterschiedlich sind, ist es wichtig Werkzeuge zu haben, die sich den individuellen Unterschieden anpassen können und so niemand in ein Schema gepreßt wird, was nur wieder einengt und Kreativität erstickt.

Sie finden all diese Punkte zum Aufbau des mind-map®s und seiner Vorteile im mind-map® auf der folgenden Seite noch einmal zusammengefasst.

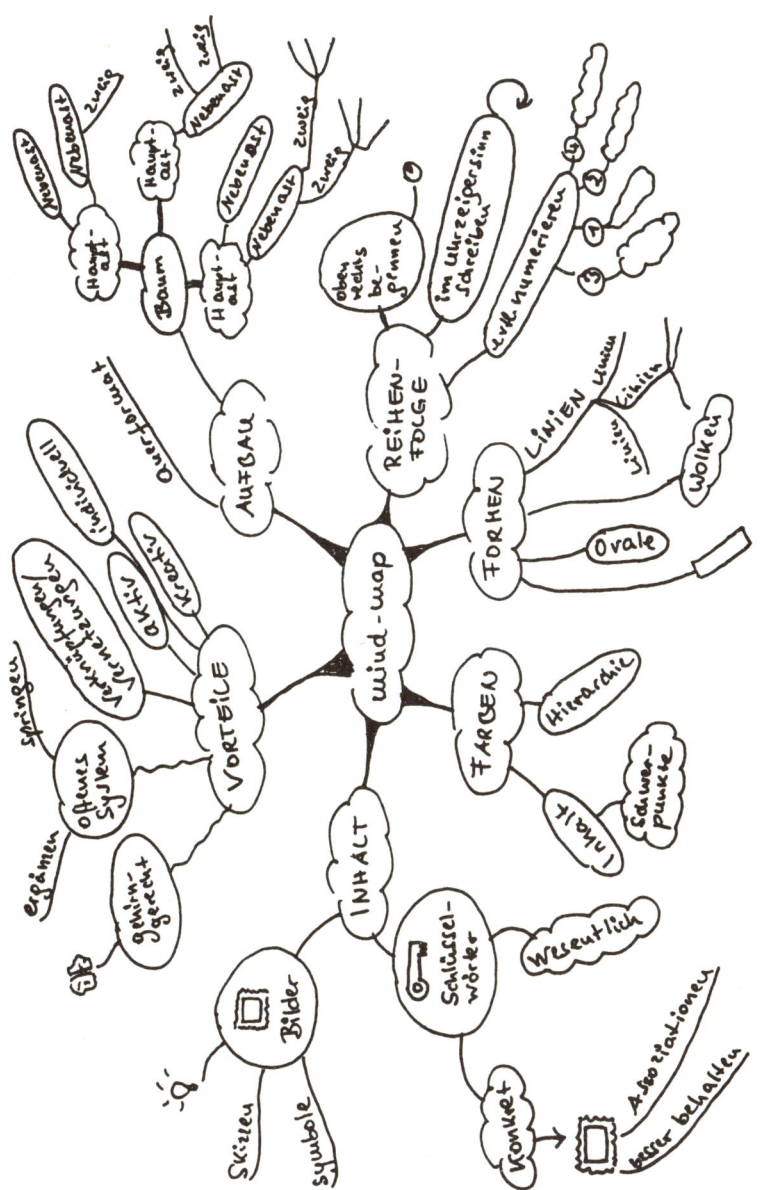

Bevor ich Ihnen weiteres über mind-map®s erzähle, über Sinn und Möglichkeiten, sollten Sie erst einmal einige Übungen selber durchführen.

 Übung 1: Planung

Wir wollen mit der ersten Übung beginnen, wobei Sie sich eine Planung vornehmen. Dies ist der Bereich, in dem meines Erachtens ein mind-map® unschlagbar ist. Gleichzeitig ist ein Planungs-mind-map® auch die einfachste Form und deshalb ist es sinnvoll, damit anzufangen.

Die Planung irgendeines **Ereignisses** oder einer **Veranstaltung** geht mit mind-map® sehr viel schneller als auf andere Art. Und Sie haben am Ende wirklich den großen Überblick, was alles zu bedenken, zu tun und zu besorgen ist, wer es macht und wann es gemacht werden soll.

Überlegen Sie jetzt einmal kurz, was es in der nächsten Zeit für ein Ereignis gibt, das Sie planen müssen: einen *Geburtstag*, eine *Familienfeier*, einen *Ausflug* oder einen *Urlaub*? Es kann auch eine *Renovierung* , ein *Umzug* oder eine neue *Gartengestaltung* sein. Wählen Sie jetzt ein Thema, wo es um eine ganz praktische Planung geht, noch nicht um ein inhaltliches Thema. Das kommt in der nächsten Übung dran.

Hierzu werden Sie ein Beispiel von mir im Anhang finden (Wüsten-Reise), das Sie aber möglichst erst anschauen, nachdem Sie Ihr persönliches mind-map® fertig gestellt haben.

Beginnen Sie nun mit Ihrem mind-map® „Planung" ...

Sie haben nun Ihr erstes mind-map® fertig. Wie ist es Ihnen ergangen? Ging Ihnen die Planung einfacher und schneller von der Hand, wie ich es Ihnen angekündigt hatte? Wenn nicht, verzagen Sie nicht, alle neuen Methoden bedürfen einer gewissen Zeit an Übung. Wenn es nicht so gut klappte, kann das ganz unterschiedliche Gründe haben. Vielleicht ist Ihnen das Thema nicht sehr angenehm?

Nehmen Sie anschließend Farben dazu

Wenn Sie alle Punkte in einem mind-map® notiert haben, dann nehmen Sie diesmal auch Farben dazu. Nehmen Sie Ihre Textmarker und überlegen Sie, welche Farbzuordnung sinnvoll ist. Herzlichen Glückwunsch! Jetzt sieht es auch noch schön bunt aus. Machen Sie eine

 Pause.

 Übung 2: Inhaltliche Planung

Nun kann's also weitergehen. Wir bleiben noch bei dem Thema Planung. Es geht nun nicht mehr um eine organisatorische Planung, sondern um eine inhaltliche Planung.

Beispiel Seminarplanung

Ich plane zum Beispiel meine Seminare alle mit mind-map® und dabei gibt es wieder unterschiedliche Varianten. Einmal die grobe Planung des gesamten Seminars:

welche Themen werden behandelt mit welchem Ziel und mit welchen Methoden.

Dann kommt die Feinplanung, bis ich schließlich für jeden Tag ein mind-map® habe. Darauf sind dann alle Ebenen gleichzeitig erfasst:

Themen, Methoden, Material, Medien, Reihenfolge und zeitlicher Umfang der Übungen. Falls ich das Seminar mit einer Kollegin zusammen mache, steht auch noch dort, wer welche Teile übernimmt.

Sie können ein Beispiel im Anhang sehen (Seminartag).

Planung im beruflichen Bereich

Wenn Sie Lehrer sind, können Sie an dieser Stelle eine Unterrichtsplanung machen. Geben Sie Kurse an der Volkshochschule, planen Sie einen Kursabschnitt.

Arbeiten Sie in einer Firma, können Sie Ihre nächste Präsentation planen, ein Projekt oder eine Besprechung.

Wenn Sie studieren oder eine Ausbildung machen, können Sie einen bestimmten Lernstoff planen oder Teile Ihrer Prüfungsvorbereitung.

In welchem Bereich Sie auch immer arbeiten, es gibt bestimmt etwas, das Sie planen müssen, wozu Sie sich Gedanken machen müssen oder was Sie vorbereiten wollen.

✎ Beginnen Sie nun mit Ihrem mind-map® „**Inhaltliche Planung**" ...

Übung 3: Literatur erarbeiten

Sie können auch ein Literatur-Exzerpt mit einem mind-map® erstellen. Dazu gibt es verschiedene Möglichkeiten. Sie können sich von vorne bis hinten durch ein Buch durcharbeiten und parallel zu den wichtigsten Themen und Gedanken fortlaufende mind-map®s erstellen.

Sie können aber auch, wenn Sie zum Beispiel ein Referat zu einem bestimmten Thema ausarbeiten wollen, mind-map®s zu verschiedenen Themenschwerpunkten machen und dort aus verschiedenen Büchern die Schwerpunkte zusammentragen.

Wenn dieses Thema für Sie relevant ist, möchte ich Sie auf das nächste Kapitel verweisen, das die Erarbeitung von Texten zum Inhalt hat. Dort wird auch das Exzerpieren mit mind-map®s thematisiert und Sie finden dort auch eine entsprechende Übungsanleitung.

 Übung 4: Arbeitsorganisation und Zeitplanung

Dies ist nun wieder ein ganz anderer Bereich, den ich persönlich auch mit mind-map®s bewältige – allerdings in Kombination mit anderen Methoden der Arbeitsorganisation und Zeitplanung.

Wenn Sie ein Zeitplanbuch besitzen, so haben Sie dort vielleicht eine Aktivitäten-Checkliste.

Sie können statt dessen auch ein mind-map® als Sammlung all Ihrer Aktivitäten nutzen, aber diese gleich in eine überschaubare Ordnung bringen. Einiges werden Sie anschließend auch in Ihren Kalender übertragen, es gibt aber auch viele Dinge, die nicht terminlich gebunden sind, die man aber dennoch im Auge behalten muss.

Gleichgültig, ob Sie berufstätig sind oder Hausfrau: es gibt bestimmte Bereiche, die Sie bewältigen und bearbeiten müssen und es gibt bestimmte immer wiederkehrende Aufgaben. Damit haben sie schon das grobe Gerüst für Ihr mind-map®.

Bei diesem Thema empfiehlt es sich zusätzlich einen Hauptast mit der Beschriftung: „Verschiedenes" anzulegen, wo Sie all das drunter packen, das sie sonst nicht zuordnen können.
   Das ist so wie die Schublade oder der Karton zu Hause, in den man all die Dinge legt, von denen man nicht weiß, wo man sie sonst hinpacken soll (und manchmal auch nicht weiß, was man überhaupt damit machen soll und wozu sie nütze sind, sich aber auch nicht entschließen kann, sie einfach wegzuwerfen).

Auch hier gebe ich Ihnen ein mind-map® als Beispiel, das von Ihrem völlig abweichen kann (Anlage). Das hängt eben von Ihren Arbeitsschwerpunkten und Bereichen ab, die sich sicher von meinen unterscheiden.

✎ Beginnen Sie nun mit Ihrem mind-map® „**Arbeitsorganisation und Zeitplanung**".

Auch bei diesem mind-map® sind Farben eine große Hilfe. Markieren Sie also noch die Hauptäste und vielleicht besonders wichtige Dinge.

Wenn ich einzelne Punkte erledigt habe, kennzeichne ich das dadurch, dass ich die Wolken orange ausfülle. Dann sehe ich auf einen Blick, was ich schon alles erledigt habe.

Ist Ihnen das mind-map® dann irgendwann zu unübersichtlich und die meisten Wolken leuchten in orange, dann legen Sie ein neues an.

Wenn Sie sehr viele und wechselnde Termine haben, zum Beispiel als Freiberufler/in, kann es sinnvoll sein, auch monatliche und wöchentliche mind-map®s anzulegen.

Ich beginne mit dem Monats-mind-map®, wenn der erste Termin oder die erste Aufgabe geplant ist, die in diese Zeit fällt.

Jeweils am Sonntagabend oder Montagmorgen lege ich ein **Wochen-mind-map®** an. Hierbei wird auch der Terminkalender hinzugezogen und die Aufgaben konkret auf die Tage verteilt.

An manchen Tagen (aber längst nicht an allen) kann sogar ein **Tages-mind-map®** notwendig sein, um nichts zu vergessen.

Das mag vielleicht nach sehr viel Aufwand klingen, aber erstens geht es sehr schnell und zweitens ist es für meinen Kopf eine große Entlastung und für meine Seele eine Beruhigung, alles „im Griff", das heißt im Blick zu haben.

Ein wichtiger Zusatzeffekt ist, dass ich schneller sehe, ob solch eine Planung **realistisch** ist, ob ich mir zu viel Arbeit aufgebürdet habe und evtl. etwas streichen oder verschieben muss.

Auch auf einem mind-map® kann es „**Ladenhüter**" geben. Wenn ich bemerke, dass ich einen bestimmten Punkt von Monat zu Monat weiterschleppe, dann ist das vielleicht ein guter Vorsatz, aber zeitlich nicht durchführbar oder er ist offensichtlich nicht so wichtig. Dann kann ich ihn ersatzlos streichen.

Anwendungsbereiche

Bei den Übungen, die Sie durchgeführt haben, haben Sie schon unterschiedliche Anwendungsbereiche kennen gelernt. Ich möchte sie hier noch einmal zusammenfassen und ergänzen, wozu man ein mind-map® benutzen kann.

Ideensammlung / Brainstorming

Ob Sie ein bestimmtes **Thema ausarbeiten** wollen oder **Lösungen zu einem Problem** suchen: erste Ideen können Sie hervorragend mit einem mind-map® sammeln.

Der Unterschied zu einer einfachen Auflistung wird sehr schnell deutlich. Auch wenn Sie zuerst alle Ideen als Hauptäste um das Thema oder die Frage herumschreiben (was noch kein inhaltlicher Unterschied zu einer Liste wäre), kommen Sie so eher auf Unterpunkte zu den Hauptästen. Ihnen fallen Nebenaspekte zu dem Thema ein – und vor allen Dingen sehen Sie plötzlich Zusammenhänge, Bezüge, Abläufe, die bei einer bloßen Auflistung verborgen geblieben wären.

Sie erkennen vielleicht, wo die Ursache des Problems liegt oder welcher Frage Sie sich als erstes zuwenden müssen, da von dem Punkt viele andere abhängen.

Planung

mind-map®s als Planungsinstrumente haben Sie ja schon kennen gelernt und selbst angewandt. Sie können wirklich alles damit planen: Seminare, Unterricht, Vorträge, Referate.

Projekte:
Unterricht/Werkstatt/Feste/Reisen/Freizeit/
Exkursionen /Arbeits- und Zeitplanung.

Ausarbeitung

Wenn Sie etwas ausarbeiten wollen oder etwas schreiben wollen, ist das mind-map® ein guter Anfang. Schreiben Sie das Thema in die Mitte und sammeln Sie erst einmal Ideen, Schwerpunkte, Unterthemen. Dann ordnen Sie diese – und schon haben Sie eine Gliederung.

In meiner Schulzeit mussten wir bei Klassenarbeiten immer Gliederungen vor einen Aufsatz schreiben. Ich habe immer zuerst den Aufsatz geschrieben und ganz zum Schluss die Gliederung, wenn ich wusste, was ich geschrieben habe.

Seit ich mind-map®s kenne, kann ich vorher Gliederungen erarbeiten, so zum Beispiel wenn ich Bücher schreibe.

Erwähnt hatte ich auch schon, dass Sie mit mind-map®s **Literatur und Texte** erarbeiten können. Hier habe ich bei einer Lernberatung die Erfahrung gemacht, dass man sogar mind-map®s machen kann von Texten, die man zuerst gar nicht versteht. Durch das mind-map® werden plötzlich Strukturen und Zusammenhänge klar, das verworrene Bild klärt sich allmählich. Somit dient das mind-map® auch als Verständishilfe.

Mitschriften / Protokoll

Sie können ein mind-map® auch als Mitschrift von einem Vortrag, einer Vorlesung oder einer Besprechung nutzen. Das ist allerdings die schwierigste Form, deshalb würde ich Ihnen empfehlen, nicht gerade hier Ihre ersten Versuche zu starten. Üben Sie zuerst mind-map® bei Planungen und bei der Erarbeitung von Themen und Literatur. Wenn Sie dann mit dieser Methode vertrauter sind, können Sie sich an die Mitschriften heranmachen.

Bei Besprechungen oder Telefonaten ist es auch noch einfacher als bei einem komplexen **Vortrag** oder einer **Vorlesung** an der Uni. Dabei spielen verschiedene Faktoren eine Rolle, die eine solche Mitschrift erschweren oder erleichtern können:
- Es hängt davon ab, ob Sie mit dem Thema schon vertraut sind und damit leichter bestimmen können, was Oberpunkte und Hauptpunkte sind und was womit zusammengehört.
- Dann hängt es sehr von dem Redner ab: Gibt er seinen Zuhörern vorher einen Überblick über das Thema?

Bei **Konferenzen** und **Besprechungen** kann ein mind-map® eine doppelte Hilfestellung leisten, um solche Termine wirklich effektiv und vor allem auch zeitsparend durchführen zu können.

Sie können nämlich eine Besprechung mit einem mind-map® **planen** und **vorbereiten** und Sie können den **Verlauf** und die **Ergebnisse** festhalten.

Notieren Sie, welche Themen behandelt werden sollen, welche Fragen es dazu gibt, was das Ziel oder die Ziele der Besprechung sind, welche Aufgaben verteilt werden müssen und bis zu welchem Zeitpunkt.

Sie können auch Raum, Zeit und Ausstattung notieren – einfach alles, was zur Vorbereitung und Durchführung nötig ist.

Das mind-map® Protokoll kann anschließend für alle kopiert werden. Das erspart eine Menge Zeit.

Telefon

Wer beruflich viel telefonieren muss, kann hierzu auch das mind-map® nutzen, um sich die wichtigsten Notizen während des Gesprächs zu machen. Wichtige Telefonate können auch mit mind-map®s vorbereitet werden: Fragen, Themen usw.

Wenn es oft um ähnliche Dinge geht, kann man sich ein Muster mind-map® entwickeln. Ich telefoniere häufig mit Bildungseinrichtungen, für die ich Seminare abhalten soll. Da gibt es immer wiederkehrende Punkte, die geklärt werden müssen. Ein mind-map® mit einem bestimmten Raster ermöglicht es mir, flexibel auf die Fragen der Gesprächspartner einzugehen, aber die für mich wichtigsten Punkte dennoch im Blick zu behalten. Die Antworten schreibe ich dann neben das entsprechende Wölkchen – vielleicht noch in einer anderen Farbe.

Lernen

Sprachen

Auch beim Lernen von Sprachen kann ich gut mit mind-map®s arbeiten, um zum Beispiel Grammatik, Redewendungen oder Wortfelder zu lernen. Als Beispiel finden Sie die Konjugation von arabischen Verben in Deutsch, in Lautschrift und in Arabisch (s. Anhang).

Natürlich kann man einfache Vokabeln auch in ein Vokabelheft schreiben, aber diese thematische Zuordnung erleichterte mir, die gesuchten Worte schneller zu finden. Außerdem war der visuelle Anreiz und damit das Behalten stärker durch die mind-map®-Anordnung und die Farben.

Das deutsche Verb ist immer grün, die arabische Lautschrift rot und die arabische Schrift blau. Das ist ein zusätzlicher Erinnerungsanker.
Ebenso die Aufteilung: die erste Person Singular ist immer oben rechts, die erste Person Plural immer unten links.

Einige bunte mind-map®s mit Verbkonjugationen in den verschiedenen Zeiten hängen in der Wohnung an unterschiedlichen Stellen, wo man ab und zu mal hinschaut, z. B. im Bad, am Spiegel usw.

Fachtheorie

Da ich viele Seminare für Berufsschullehrer durchführe, deren Schüler die unterschiedlichsten Berufe lernen, habe ich hier eine Fülle von Möglichkeiten entwickelt und kennen gelernt. Von ganz einfachen Arbeitsschritten (Metall: Bohren eines Loches; Hauswirtschaft: Bügeln eines Oberhemdes; Herstellung eines Hefeteigs) bis zu sehr komplexen Zusammenhängen (Botanik: Der Baum; Medizin: Herzinfarkt) kann ich alles in mind-map®-Form darstellen.

Das hilft sehr zum besseren Verständnis und ist auch eine gute Grundlage für die Vorbereitung auf eine Prüfung, für die man das alles lernen muss.

Hier ist es dann auch wichtig neben den Schlüsselworten viele Bilder und Skizzen einzusetzen, Farben und Verbindungslinien. Auch hierzu finden Sie Beispiele im Anhang (Der Baum).

Zusammenfassung

Mit einem mind-map® gehen Sie neue Wege und eröffnen Sie neue Horizonte. Sie erlauben Ihrem Gehirn, in verschiedene Richtungen gleichzeitig zu denken und ermöglichen ihm, seine ungeheuren Fähigkeiten mehr zu nutzen.

Das mind-map® ist eine sehr kreative Methode, mit der Sie fast alle Themen und Bereiche bearbeiten und erfassen können. Hier noch einmal ein Überblick über die unterschiedlichsten Verwendungsmöglichkeiten und Anwendungsbereiche in Stichworten.

Sie können mit einem mind-map®:
- **Ideen** zu einem Thema **sammeln**
- ein **Brainstorming** zu einem Problem machen
- **Planungen** jeglicher Art durchführen:
  im privaten Bereich: Umzug, Urlaub, Geburtstags- oder Weihnachtsfest, Renovierung, Ausflug
  im Beruf: Sitzungen, Besprechungen, Projekte, Themen, Referate, Vorträge, Seminare, Unterricht ...
- **Mitschriften** und **Protokolle** anfertigen von Besprechungen, Sitzungen, Vorträgen, Seminaren
- **Literatur erarbeiten**
- **Ausarbeitung** (Gliederung und Planung) für Berichte, Aufsätze oder Bücher
- **Arbeitsorganisation und Zeitplanung** entwickeln und im Blick haben
- **Lernen**

Sie können alle Wissensgebiete und auch Sprachen mit mind-map® lernen:

- Fachliteratur durcharbeiten und mind-map®s als Exzerpte anlegen
- anhand der mind-map®s sich den Lernstoff einprägen
- mit mind-map®s den Lernstoff wiederholen

Texte durcharbeiten, verstehen und behalten

Stellen Sie sich vor, Sie haben ein Fachbuch vor sich liegen, das Sie durcharbeiten wollen. Es kann sein, dass Sie zu dem Thema schon andere Bücher gelesen haben und schon einiges dazu wissen, es kann aber auch sein, dass es völliges Neuland für Sie ist.

Bevor Sie sich nun einfach hinsetzen und mit dem ersten Wort auf der ersten Seite beginnen und sich so Seite um Seite weiter durcharbeiten, sollten Sie einige vorbereitende Dinge tun, die Ihnen das anschließende Lesen und Verständnis erleichtern.

Vor allem wenn es um ein Thema geht, das Sie vielleicht erst einmal nicht sonderlich interessiert oder das Ihnen trocken und schwierig erscheint, sind diese Schritte wie Treppenstufen, die Sie ins Haus führen.

Wenn Sie das Thema nicht interessiert oder Sie den Stoff schwierig und trocken finden

1. Assoziationen zum Thema

Ganz gleich, welches Vorwissen Sie schon zu diesem Thema haben oder nicht, werden Sie irgendwelche Assoziationen dazu haben (und ja auch einen konkreten Grund, warum Sie das Buch lesen).

Das Assoziieren kennen Sie ja schon vom Bildermachen und von den mind-map®s her. Jetzt dürfen Sie wieder einmal drauflos „spinnen". Sammeln Sie einfach alle Assoziationen, die Ihnen zu dem Thema einfallen. Sie müssen **nichts** mit dem realen Inhalt des Themas zu tun haben, können völlig abwegig sein.

Sie können die Assoziationen in Form eines mindmap®s aufschreiben, untereinander oder im Kreis, ganz wie es Ihnen gefällt und am schnellsten geht. Dies soll ja nur eine kurze Einstimmung sein und daher nicht zu viel Zeit in Anspruch nehmen.

Vielleicht macht es Ihnen Spaß und Sie bekommen schon dadurch gute Laune. Und gute Laune und Stimmung nimmt etwas von dem Unbehagen, das Sie dem Text gegenüber vielleicht haben.

✎ Notieren Sie Ihre Assoziationen ...

2. Nutzen des Buches

Falls Sie das Buch nicht freiwillig und aus persönlichem Interesse lesen, sondern es z. B. für eine Prüfung durcharbeiten müssen, machen Sie folgende Übung.

Sammeln Sie wiederum kunterbunt Einfälle und Ideen, wozu die Lektüre dieses Buches nützlich sein könnte, für wen und für welche Gelegenheiten. Nehmen Sie auch das mehr als Spiel, bei dem Sie wild rumphantasieren können, schreiben Sie auch Nonsens-Ideen auf, als ob Sie Stichworte für ein Kabarett liefern wollten. Natürlich dürfen Sie auch ernsthafte Gedanken aufschreiben.

✎ Schreiben Sie Ihre Ideen auf ...

Warum eine solche Einstimmung?

Das ist natürlich nicht als reine Beschäftigungstherapie gedacht oder als eine Unterstützung der Tendenz, sich vor unangenehmen Dingen zu drücken und sie so lange wie möglich aufzuschieben.

Tatsächlich kann es bewirken, dass Sie durch diese zwanglose Herangehensweise sich leichter dem Thema nähern als durch widerwilliges Nachdenken, dass Ihnen so tatsächlich Ideen kommen, wozu es nützlich sein könnte, das Buch zu lesen – und das wird Ihre Motivation erhöhen. Oder Sie finden Aspekte und Fragestellungen, die Sie tatsächlich interessieren.

Außerdem sind solche Übungen Schulungen für Ihre Kreativität, Ihre beiden Gehirnhälften werden aktiviert und angeregt und all das ist eine gute Vorbereitung für die anschließende Durcharbeitung des Textes.

Dieses Einstimmen und Warmwerden mit dem Thema entspricht dem Aufwärmen der Muskeln bei Sportlern, bevor sie sich an das eigentliche Training begeben oder Höchstleistungen vollbringen.

Verschaffen Sie sich einen Überblick

Sie erinnern sich, dass die rechte Gehirnhälfte den Überblick liebt, damit sie das große Ganze erfassen kann, während die linke Hälfte die Details liebt.

Sie können zielgerichteter und damit zeitsparender lesen und sich auch mit Details befassen, wenn Sie zuerst einmal die größeren Zusammenhänge sehen.

Dieser Überblick dauert 2–3 Minuten: Sie schauen sich den Klappentext und das Inhaltsverzeichnis an und blättern einfach das Buch durch. So sehen Sie, welche Themen und Unterthemen zur Sprache kommen, vielleicht gibt es auch Zusammenfassungen am Ende eines jeden Kapitels. Bei einem guten Sachbuch sollte das der Fall sein (ist es aber leider oft nicht).

Sie sehen auch gleich, ob es sich um eine Bleiwüste handelt ohne irgendwelche Orientierungspunkte (die werden Sie dann später selber einbringen) oder Hilfen in Form von Grafiken, Bildern, Merksätzen und Kästchen.

Schauen Sie sich das Literaturverzeichnis und – wenn vorhanden – das Stichwortverzeichnis an. Wenn Sie schon etwas mit dem Thema vertraut sind, werden Sie hier wichtige Informationen bekommen. Sie sehen, ob der Autor ein breites Spektrum an anderen Autoren bearbeitet hat oder ob er eine bestimmte Richtung bevorzugt, ob er die neueste Literatur zum Thema kennt oder nur alte Hüte zitiert.

Anhand des Stichwortverzeichnisses können Sie testen, was zu einem bestimmten Thema geschrieben wurde. Schauen Sie ein Stichwort nach, das Sie kennen und Sie interessiert. Was finden Sie dazu im Buch?

So können Sie sich auch kurz mit dem Stil des Autors vertraut machen. Verstehen Sie seine Sprache oder müssen Sie ein Fremdwörterlexikon daneben legen? Ist das Buch anregend geschrieben oder überfällt Sie das große Gähnen? Dann sollten Sie sich ein anderes Buch zum Thema besorgen.

Weitere Annäherung an den Text: Grundieren

Der Begriff „grundieren" ist der Welt der Malerei entnommen. Bevor Sie Farbe auf eine Leinwand geben, muss diese erst mit weißer Farbe grundiert werden. Das bringt die Farben besser zum Leuchten und sie haften besser.

So wird auch das Lesen effektiver, wenn Sie bestimmte vorbereitende Schritte unternehmen.

1. An Vorwissen anknüpfen

(Diesen Punkt können Sie überspringen, wenn Sie die Übung „Assoziationen" zur Einstimmung schon gemacht haben.)

Fragen Sie sich selbst:
- Was weiß ich schon zum Thema?
- Welche Assoziationen fallen mir dazu ein?

Sie können ein mind-map® dazu machen oder es in anderer Form aufschreiben oder es auch nur im Kopf machen.

2. Fokussieren und eingrenzen

Wir können viel bewusster, konzentrierter und zielgerichteter lesen, wenn wir wissen, was wir eigentlich suchen, was uns interessiert oder was für unser Thema wichtig ist. Deshalb beantworten Sie sich kurz die folgenden Fragen:
- Was interessiert mich an dem Text, welche Themen und Schwerpunkte?
- Wozu will ich mehr Informationen?
- Welche Fragen habe ich?

Die Klärung dieser Fragen verhindert, dass Sie von der ersten bis zur letzten Seite alles mit der gleichen Aufmerksamkeit und Gründlichkeit durchlesen und durcharbeiten. Das ist meistens gar nicht erforderlich. Was wirklich wichtig für Sie ist, hängt von der Zielsetzung der Lektüre ab. Wenn Sie bestimmte Themen für eine Prüfung lernen müssen oder ein Referat zu einem Thema schreiben, dann arbeiten Sie die Abschnitte gründlich durch, die damit zu tun haben. Die anderen können Sie dann überfliegen.

Wenn Sie sich so eingestimmt und vorbereitet haben, können Sie zum eigentlichen Lesen übergehen.

Text lesen und durcharbeiten

Ich habe ganz bewusst lesen **und** durcharbeiten geschrieben, denn ich habe in meiner Lernberatung oft die Erfahrung gemacht, dass das nicht unterschieden wird. Ein Student beklagte sich, dass er den Inhalt der Bücher nicht behalten hat, die er doch durchgearbeitet und gelernt hätte. Als ich genauer nachfragte, stellte sich heraus, dass er sie einmal gelesen hat. Fertig. So wie man einen Roman liest.

Das kann durchaus manchmal ausreichend sein, wenn Sie z. B. schon gute Kenntnisse zu dem Thema haben oder nur einen Überblick wünschen.

Wenn der Text aber neu und schwierig ist, müssen Sie ihn auf aktivere Form bearbeiten, sozusagen in eine Art Dialog mit dem Autor treten.

1. Mit Farbe markieren

Statt mit einem Bleistift zu unterstreichen oder womöglich gar mit Kuli scheußliche Zitterlinien in Ihr Buch zu schmieren, nehmen Sie die bunten Öko-Textmarker, die schon beim mind-map® Verwendung fanden und entwickeln Sie für sich eine Zuordnung der Farben.

Sie markieren wie beim mind-map® möglichst nur Schlüsselwörter, manchmal vielleicht auch einen halben oder ganzen Satz, wenn er wirklich wichtig ist. Das reicht, um sich bei einem anschließenden Durchblättern zu orientieren, denn der Radius dessen, was wir sehen, ist größer, die Worte um die Markierung herum werden mit erfasst. Wenn Sie zu viel markieren, ist es keine Orientierungshilfe mehr.

Was jetzt für Sie persönlich wichtig und damit markierenswert ist, hängt wieder von dem Ziel ab, mit dem Sie an den Text herangehen, außerdem von Ihren Vorerfahrungen und persönlichen Assoziationen. Wenn wir beide das gleiche Buch lesen, würden wir sicher Unterschiedliches markieren, es sei denn, wir gehen mit der gleichen Fragestellung heran. Dann werden sich bei Fachbüchern sicher auch Überschneidungen bei dem ergeben, was wir beide als Wesentlich markieren.

Um das zu verdeutlichen, nehmen Sie sich bitte das Kapitel über das Gehirn noch einmal vor (S. 22ff.). Sie werden den Text mit einer jeweils anderen Fragestellung durchlesen und Schlüsselwörter markieren. Anschließend vergleichen Sie Ihre Auswahl von Schlüsselwörtern – sie werden sicher unterschiedlich sein.

(Ideal wäre es, wenn Sie den Text zweimal kopieren können, ansonsten nehmen Sie unterschiedliche Farben und markieren im Buch).

1.1 Lesen Sie den Text unter folgender Fragestellung durch und markieren Sie die Schlüsselwörter:
„Welche unterschiedlichen Funktionen werden den beiden Gehirnhälften zugeordnet?"
Sie können auch die Geschichte über Brainland mit hinzunehmen und die entsprechenden Bilder und Analogien markieren. Diese können Sie dann später in Ihrem mind-map® den mehr sachlichen Beschreibungen des anderen Textes zuordnen.

1.2 Nun stellen Sie mit diesen markierten Schlüsselwörtern ein mind-map® her. Sie können auch eigene Gedanken oder Fragen dazu notieren.

1.3 Sie können nun gleich die nächste Übung anschließen, und zwar lesen Sie den gleichen Text im Anschluss noch einmal, aber mit einer anderen Fragestellung:
„Wie kann ich die Fähigkeiten des Gehirns besser nutzen und trainieren? Welche Übungen und Alltagsverrichtungen aktivieren die rechte Gehirnhälfte?"

Markieren Sie wieder Schlüsselwörter und erstellen Sie anschließend daraus ein mind-map®.

Nachdem Sie auch beim zweiten Durchgang markiert haben und ein mind-map® hergestellt haben, können Sie sowohl die Markierungen im Text und die beiden mind-map®s vergleichen.

Sie könnten auch die beiden mind-map®s zusammenfügen und so eine noch komplexere Sicht des Themas erhalten.

Ich schlage Ihnen noch ein drittes mind-map® vor, in dem sie notieren, welche Konsequenzen diese Lektüre für Sie persönlich hat. Welche Übungen wollen Sie ausprobieren, worauf wollen Sie in Zukunft achten? Schreiben Sie einen konkreten Maßnahmeplan auf, dann profitieren Sie noch zusätzlich von dieser Übung und machen vor allem den entscheidenden Schritt vom theoretischen Wissen zum praktischen Tun und Umsetzen, vom Kennen zum Können.

Zeichen und Symbole

Sie können zusätzlich zu der farbigen Markierung von Wörtern auch noch Zeichen und Symbole in den Text und an den Rand zeichnen – mit Bleistift. Das gibt Ihnen zusätzliche Orientierungshilfen oder Hinweise, was Sie evtl. noch nachschauen wollen. Hier einige Anregungen:

! bedeutsam, wichtig, bemerkenswert

? unklar, verstehe ich nicht

?⇨ nachsehen, fragen   ⬇ folgt im Text

⇨ Verweist auf, siehe ...   💡 Aha-Erlebnis

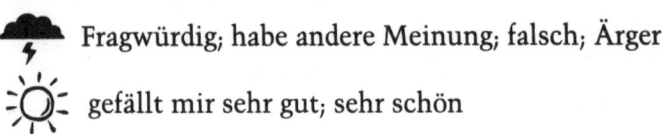

Fragwürdig; habe andere Meinung; falsch; Ärger

gefällt mir sehr gut; sehr schön

2. Beim Lesen Bilder machen

Innere Bilder

Das Gleiche, was wir bei einzelnen Wörtern gemacht haben, können wir natürlich auch bei komplexeren Zusammenhängen machen. Stellen Sie sich bildlich vor, was Sie lesen. Eigentlich machen wir das automatisch. Wenn Sie einen Roman lesen, so sind Sie deshalb zu Tränen gerührt oder schmunzeln, weil Sie alles wie in einem inneren Film erleben. Und wenn es ein historischer Roman ist, so „lernen" Sie nebenher eine Menge über Geschichte und wahrscheinlich verstehen und behalten Sie es besser als eine Lektion im Geschichtsbuch. Bei einem Fach- und Sachbuch ist das etwas schwieriger, aber hilfreich, um den Stoff zu verstehen und zu behalten.

Gerade wenn es ein sehr abstrakter Stoff ist, ist es notwendig, diesen abstrakten Inhalt in möglichst konkrete anschauliche Bilder zu übertragen, damit Sie es behalten können. Hier ist wieder Kreativität und unbefangenes Herangehen gefragt.

Suchen Sie zu abstrakten Zusammenhängen Fallbeispiele, die das Thema anschaulich erläutern.

Äußere Bilder

Wie beim mind-map® dürfen Sie auch hier malen, Skizzen anfertigen, kritzeln, um sich Zusammenhänge, Verläufe und anderes zu verdeutlichen. Zeichnen Sie im Buch herum oder in Ihren Notizen.

Wenn es im Text Abbildungen gibt, malen Sie auch diese bunt. Markieren Sie einen bestimmten Knochen in der Abbildung mit blau und im Text seine Bezeichnung mit der gleichen Farbe. So wird ein Zusammenhang zwischen Wort und Bild hergestellt.

3. Notizen und Zusammenfassungen

mind-map®
Als Vorbereitung für eine Prüfung oder ein Referat müssen Sie sich zusätzlich zur Lektüre auch Notizen machen, ein Exzerpt. Das können Sie zum Beispiel mit einem mind-map® machen, wie wir es eben schon geübt haben. Wenn Sie bei der Lektüre schon die wichtigsten Schlüsselwörter markiert haben, brauchen Sie diese nur noch in einer bestimmten Anordnung auf's Papier zu bringen.

Sie können einfach fortlaufend zum Text mind-map®s schreiben oder pro Kapitel oder zu bestimmten thematischen Schwerpunkten.

Karteikarten
Sie können auch Karteikarten zu verschiedenen Schlagwörtern anlegen und dort notieren, was verschiedene Autoren zum gleichen Thema geschrieben haben.

Erzählen
Um zu überprüfen, ob Sie das Gelesene verstanden und behalten haben, gibt es nichts besseres, als es jemandem zu erzählen. Schauen Sie, ob es in Ihrem Familien- oder Freundeskreis jemanden gibt, den das Thema interessiert. Oder Sie tun sich mit anderen aus Ihrer Ausbildung oder Fortbildung zu Arbeitsgruppen zusammen.

Wenn Sie niemanden zur Hand haben, sprechen Sie einfach laut vor sich hin oder auf eine Kassette. Sie werden auch hierbei schnell merken, wo Sie vielleicht etwas noch nicht ganz verstanden haben oder vergessen haben. Oder Sie sind im Gegenteil erstaunt und erfreut, wieviel Sie darüber schon zu sagen wissen.

Das Erzählen ist nicht nur eine Lernkontrolle, sondern dadurch prägen Sie sich den Inhalt auch besser ein.

Zusammenfassung

1. Einstimmung

 **wenn das Buch unangenehme Pflichtlektüre ist**

- Wilde Assoziationen zum Thema
- Ideenbazar zum Nutzen des Buches

** 2. Überblick**

- Klappentext
- Inhaltsverzeichnis
- Zusammenfassungen am Ende eines Kapitels
- Literaturverzeichnis
- Stichwortverzeichnis

Durchblättern

- Themen und Unterthemen
- Überschriften / Abschnitte
- Bilder / Grafiken
- Besonderheiten

3. Grundieren

- An Vorwissen anknüpfen
  - Was weiß ich schon zum Thema?
  - Welche Assoziationen fallen mir dazu ein?
- Fokussieren und eingrenzen
  - Welche Themen und Schwerpunkte interessieren mich?
  - Wozu will ich mehr Informationen?
  - Welche Fragen habe ich?

4. Text lesen

1) Markieren
- Mit Farben Schlüsselwörter markieren
- Symbole / Skizzen

2) Zum Lesen Bilder machen
- Innere Bilder
- Äußere Bilder

3) Notizen und Zusammenfassungen
- mind-map®
- Karteikarten
- Erzählen

Anhang: Arbeitsblätter

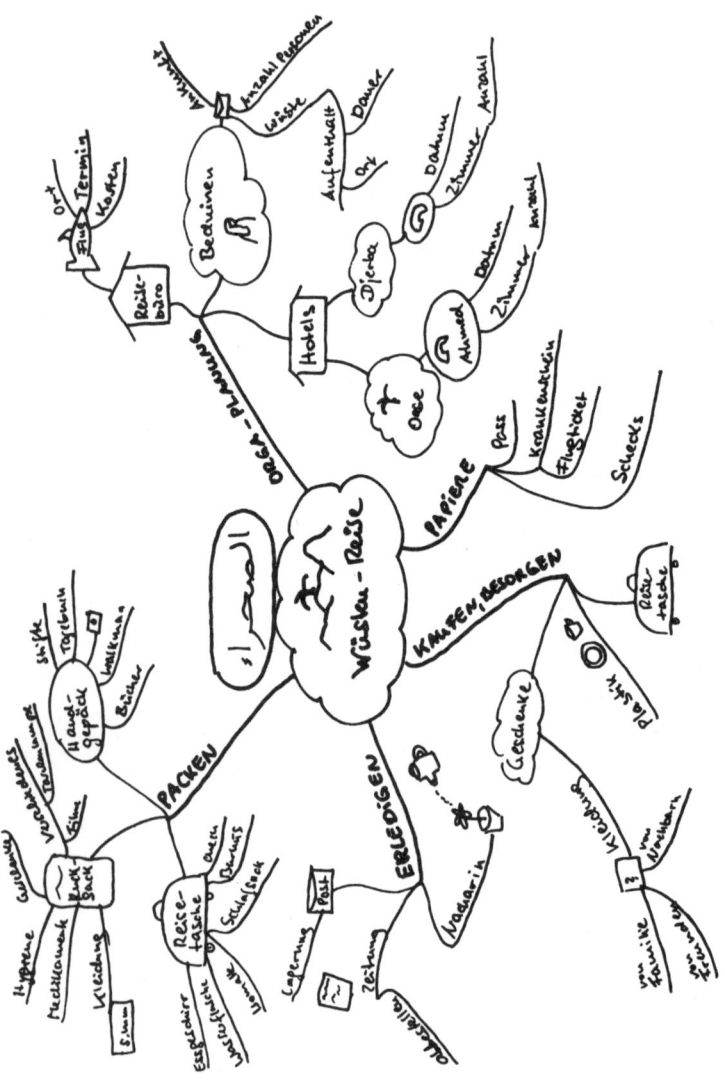

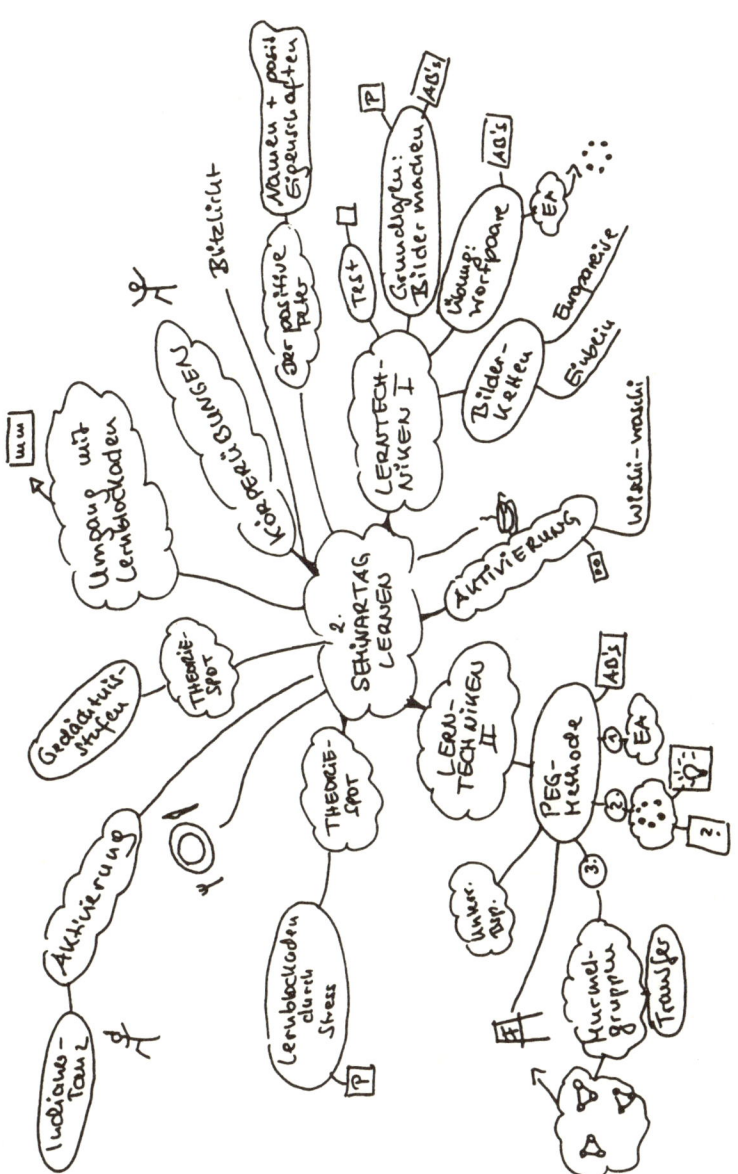

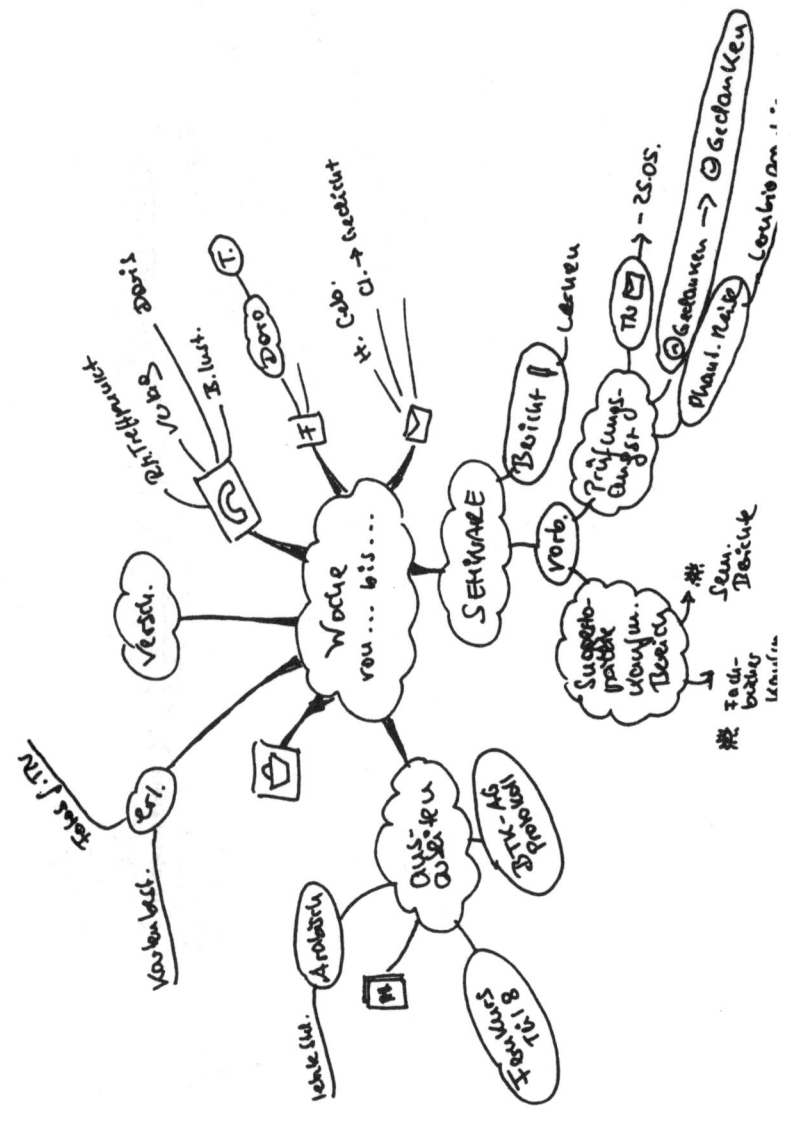

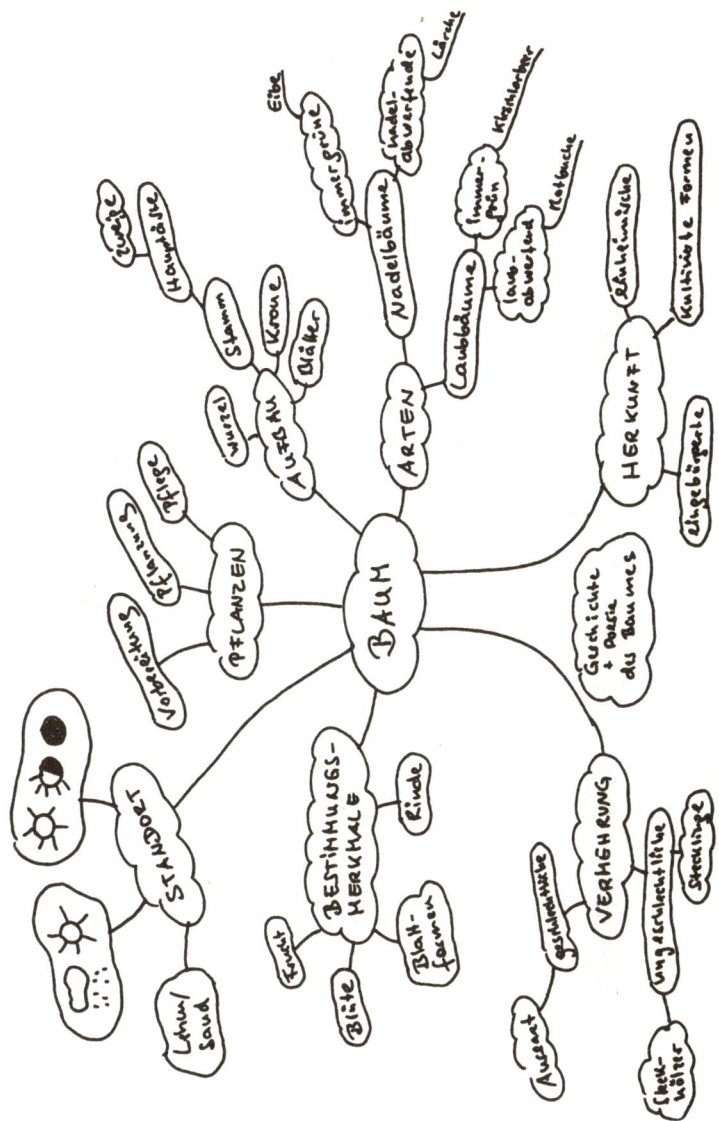

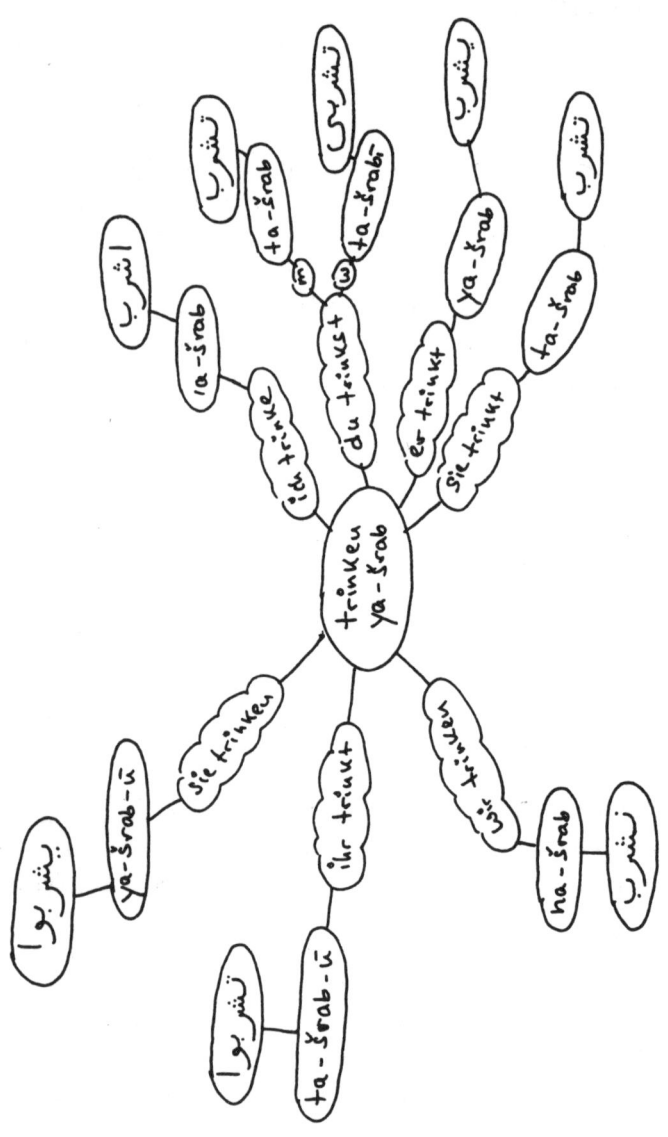

Literatur

Aldinger, M., Bewusstseinserheiterung, Freiburg 1989

Andreas, C.+A., Mit Herz und Verstand, NLP für alle Fälle, 1994

Bachmann, W. / Friedrich, M., Chaos, die neue Kraft im Selbst-Management, Das kreative Brainwriting ..., Paderborn 1994

Batmangheldij, F., Wasser – die gesunde Lösung, Freiburg 1997

Beyer, M., Brain Land, Mind Mapping in Aktion, Paderborn 1993

Birkenbihl, V. F., Stroh im Kopf? München 1990

Birkenbihl, V. F., Sprachenlernen leicht gemacht, 10. Aufl. 1989

Birkenbihl, V. F., Freude durch Stress, München 1989

Cameron, J., Der Weg des Künstlers, München 1996

Covey, S. R., Die sieben Wege zur Effektivität, Frankfurt 1993

Edwards, B., Garantiert zeichnen lernen, Hamburg 1979

Gairing, M., Stress im Alltag bewältigen, München 1989

Hertlein, M., Mind-Mapping – Die kreative Arbeitstechnik, 1998

Klein, Z. M., Ganzheitliches Lehren und Lernen, Band 1 – Lerntechniken und Methoden, hiba-Verlag 1998

Klein, Z. M., Seminarmethoden, Übungen und Spiele zum lebendigen Lernen, hiba-Verlag 1997

Kugemann, W. F., Lerntechniken für Erwachsene, Hamburg 1991

Matthews, A., So geht's dir gut, Freiburg 1992

Mohl, A., Der Zauberlehrling. Das NLP-Lern- und Übungsbuch 1994

Peiffer, V., Positives Denken, Augsburg 1997

Pelke, E. S., Sanftes Lernen, Bremen 1988

Petersen, E., Das Yoga-Übungsbuch, München 1987

Russel, P., Der menschliche Computer, München 1982

Rose, C. u. a. Der totale Lernerfolg, Landsberg am Lech 1998

Vester, F., Denken, Lernen, Vergessen, Stuttgart 1975

Vester, F., Phänomen Stress, Stuttgart 1976

Vollmer, G. / Hohberg, G., Lern- und Arbeitsstrategien, Stuttgart 1990

Vollmer, G. / Hohberg, G., Stress unter Kontrolle, Stuttgart 1990

Vopel, K.W., Die Zehn Minuten Pause, Salzhausen 1996

Kassetten und CDs zur Entspannung

Klaus Wiese: El Hadra, Tibetische Klangschalen u. a.

Christian Bollmann: Drehmomente; Echoes of Ladakh u. a.

Von den folgenden Musikern gibt es auch jeweils mehrere Kassetten: **Deuter / Kitaro / Anugama / Aeoliah / Paul Horn**

Phantasiereisen

Dr. G. Bayer / C. Deuter: Inside / Phantasiereise / In Trance

Wenn Sie noch Fragen zu dem Buch haben oder Interesse an Beratung oder Seminaren, wenden Sie sich bitte an folgende Andresse:

Zamyat M. Klein
Breideneichen 4
53797 Lohmar
Tel.: 02206-81767; Fax: 02206-68 95

Stichwortverzeichnis

abstrakt, 39, 41, 43, 47, 53, 75, 150
Arabisch 101f., 107, 110ff., 135, Anhang 156
Arbeitsabläufe, -schritte 62, 68, 72, 78, 84, 112, 116
Arbeitsorganisation 129f., 137, Anhang 154
Assoziationen 91f., 95, 120, 122, 139f., 143, 145, 150f.
Ausarbeitung 133,137
BATMANGHELID J, F. 35
Baum 136f., Anhang 155
Besprechungen 134
Bewegung 31f., 38, 42, 99
Bewusstsein 29
BEYER, M. 23
Bilder 15, 98, 120f., 136, 142
Bilder machen 36ff., 43, 54f., 61, 148f., 151
Bilder, innere 36ff., 121, 148f., 151
Bilderketten 36, 57ff., 62
Bilderlisten 62ff., 79
BIRKENBIHL, V. F. 69, 110
Bleistift-Liste 63
Brainstorming 116, 132, 137
Denkblockaden 19f., 30
Denken, vernetztes 122f.
Einfälle 29f.
Entspannungsübung 21
Entspannung 17, 29ff., 31, 33
Erinnerung 28, 38, 43, 47
Eselsbrücken 72, 85ff., 91, 103ff., 110
Fachbegriffe 86ff., 90
Fachtheorie 136f.
Fähigkeiten 10, 28, 36f., 137

Farben 38, 119f., 127, 130, 136, 145f., 149, 151
Feldenkrais 33
fokussieren 144
Fremdwörter 86ff., 90
Gedächtnis 18, 41, 46, 49, 61, 92, 121
Gefühle 13f.,28, 31, 38, 43
Gehirn 17ff., 22ff., 36,41,122,137,146
Gehirnhälfte/n 23ff., 32ff., 115, 119, 122, 142, 146
Gestik 99
Heilpraktiker-Prüfung 73ff., 84, 104ff.
Ideen 16, 29, 52, 123f.
Ideensammlung 132f., 137, 140
Indonesisch 102
Intuition 26f., 28
Karteikarten 149, 151
Kerzen-Liste 69
Kiswahili 86f., 100
Klang-Assoziation 61, 85ff., 96ff., 105
Konferenzen 134
Konflikte, innere 76
Konzentration 32f., 35
Lernblockaden 20f., 97
Lernerfahrungen 10
Lernerfolg 13
Lerntagebuch 13ff.
Lerntechniken 16, 22, 32, 36ff., 55, 57, 61
Literatur, erarbeiten 129, 133, 137
Loci-Methode 61, 79ff.
LORIOT 54
Lösungen 132
Maßnahmeplan 147

Merkbild 43f., 61, 81, 87, 91,98
Merksatz 105, 142
Merkwort 105
Mimik 99
mind-map® 112ff., 143, 145ff., 149, 151
Mitschriften 134,137
Nachnamen 94f.
Nährstoffe 71f.
Namen 92ff.
Namen, ausländische 97f.
NLP 20, 29, 75
Pausen 31
PEIFFER, V., 29
Phantasie 36, 42, 43
Planung 112, 116, 122, 126f., 132f., 137
Positives Denken 20, 75ff.
Problem 16, 132
Projekte, planen 112
Protokoll 134f., 137
Prüfung 9, 14, 17, 19, 70, 84, 140, 144, 149
Prüfungsangst 19f.
Prüfungsthemen 68
Qi Gong 33
Reime 99, 103, 106
Rhythmus 32, 34, 99, 103
Schlüsselwörter 120, 123, 136, 145ff., 149
Schule 9, 27, 50
Seminarplanung 127f., Anhang 153
Sinne 38, 42
Spanisch 103

Spaß 9, 33, 36, 49, 52, 88, 112, 140
Sprachen 9, 14, 88, 98, 100ff., 106ff., 135f.
Stress 17ff., 30 ,33, 71
Strukturierungshilfe 118
T'ai chi 32f.
Tanz 32
Telefon 93, 99, 134f.
Termine 131, 134
Texte, durcharbeiten 139ff.
Texte, erarbeiten 133
Therapie-Modell 75ff.
Türkisch 102, 107ff.
Überblick 119, 121, 124, 134, 142f., 145, 150
Unbewusstes 13, 28f., 92
Unterbewusstsein 76ff.
Vokabeln 85ff., 90, 100ff., 136
Vorlesung 122f., 134
Vornamen 95
Vortrag 122, 134
Wahrnehmung 48
Wasser, trinken 34f.
Wissenschaftler 30
Wortlisten 37ff.
Wortpaare 40, 43ff.
Wüsten-Reise 107, 126, Anhang 152
Yoga 33, 89
Zeichnen 34, 147f.,150
Zeichnungen 15
Zeitplanung 130f., 137, Anhang 154
Ziel 14f., 134, 144f.